MOTIV-TORTEN UND KUCHEN

Vivo buch

Inhalt

Vorwort

Motivtorten sind mehr als nur süße Leckereien aus dem Backofen, sie sind im wahrsten Sinne des Wortes Kunst am Kuchen – kleine Wunderwerke, die in liebevoller Kleinarbeit entstehen und nicht nur den Gaumen, sondern vor allem auch das Auge erfreuen. Die Möglichkeiten, sich hierbei kreativ auszuleben, sind schier endlos: Rezepte gibt es ebenso viele wie Anlässe, um eine Motivtorte zu backen. Auch die Varianten, um die Traumtorte mit kunstvollen Bildern sowie verschiedenen Farben und Formen zu gestalten und zu verzieren, sind vielfältig. Wer sich von dieser Vielfalt zunächst überfordert fühlt, sollte sich jedoch nicht abschrecken lassen: Im Kern sind die handwerklichen Schritte stets dieselben. Wer die Herstellung des Teigs, das Eindecken der Torte mit Fondant und das Formen von Figuren erst einmal beherrscht, kann mit etwas Geduld zum kreativen Superbäcker werden. Motivtorten herzustellen ist zwar kein Hexenwerk, erfordert aber durchaus etwas Übung. Der Umgang mit den Materialien, Formen und Pasten gelingt nicht immer gleich auf Anhieb. Ambitionierten Hobbybäckern sollte dies jedoch als Motivation dienen: Denn wer fleißig dranbleibt, dem gelingen mit der Zeit auch aufwendigere Tortenkreationen. Und das Gute daran ist: Je mehr Sie üben, desto mehr haben Sie und Ihre Lieben zum Probieren und Genießen. Ein Grundsatz, der dabei immer gilt: Erlaubt ist, was gefällt – vor allem aber, was schmeckt. Denn die Liebe zum Backen geht schlussendlich eben doch vor allem durch den Magen. Also ran an den Ofen und nichts wie losgelegt! Mit ein wenig Kreativität und den in diesem Buch zusammengestellten Tipps und Anleitungen zaubern auch Sie für jeden Anlass das passende Tortenkunstwerk! Viel Spaß beim Lesen und Nachmachen, gutes Gelingen und einen noch besseren Appetit bei Ihrer ganz eigenen Traumtorte!

Essbare Kunstwerke

Motivtorten liegen absolut im Trend. Dabei sind sie keineswegs eine neue Erfindung. Sogar das Gegenteil ist der Fall: Der Ursprung dieses hübsch und bunt verzierten Gebäcks hat eine lange Tradition, deren Wurzeln in England liegen. Hier sind es vor allem die üppigen und aufwendigen Hochzeitstorten, die als die festlichen Vorreiter der heutigen Motivtorten gelten. Nach alten Überlieferungen entstand die Tradition der Hochzeitstorten im Jahr 1859 durch eine Tochter Königin Viktorias. Zu ihrer Hochzeitsfeier wurde eine dreistöckige Torte kreiert, deren oberen Etagen jedoch ausschließlich aus Zuckerdekor bestanden. Erst bei der Hochzeit von Prinz Edward im Jahr 1882 setzten sich alle drei Etagen aus Gebäck zusammen. Mit dieser Torte – so heißt es – fiel der Startschuss für alle kreativen Konditoren: Die Torten wurden nicht nur immer höher und üppiger, sondern auch immer kunstvoller. Es wurden Blumen in Perfektion dekoriert, Tauben aus Zuckerguss gezaubert und viele andere romantische Motive entworfen.

Seitdem entstanden Superlative der Kuchenkunst, die den Backlaien zum Staunen bringen. So nahm beispielsweise die Hochzeitstorte vom Prinz William und seiner Braut Kate fünf Wochen Vorbereitung in Anspruch. Kein Wunder, bei 8 Stockwerken, 17 unterschiedlichen Früchtekuchen und 900 Zuckergussblumen ist schließlich echter Arbeitseinsatz gefragt. Zum royalen Kuchenglück kamen auch Prinzessin Madeleine und Chris O'Neill, deren Hochzeitstorte stolze 1,5 Meter hoch, mit 700 Macarons in Form einer Krone besetzt und mit echten Rosen verziert war.

Dass Motivtorten auch zu anderen Anlässen als zu Hochzeiten gebacken wurden, ist erst einem späteren amerikanischen Einfluss zu verdanken. Denn anders als in Europa servierte man Torten in Amerika ursprünglich nicht am Nachmittag zum Kaffeeklatsch, sondern vielmehr als Dessert nach einem besonderen Festessen. Aus eben dieser Tradition heraus kam es zu einer immer größeren Vielzahl an ausgefallenen anlassbezogenen Kreativkuchen: Ob zur Taufe, zum Osterfest oder zur bestandenen Prüfung: Bei jedem besonderen Anlass, zu dem es auch ein geselliges Festessen gibt, werden in den Vereinigten Staaten bunte, dekorativ verzierte und individuell gestaltete (Dessert-)Torten gebacken. Im Lauf der Zeit entwickelte sich nicht nur diese Tradition, sondern auch die Backkunst engagierter Hobbykonditoren enorm weiter. Inzwischen bieten sogar Profikonditoren für Laien organisierte Kurse an, in denen sie das Backen und Verzieren von Torten erlernen können. Auch die Werkzeuge und Zutaten, die es zu kaufen gibt, haben sich diesem Trend angepasst und stehen in breiter Auswahl und bester Qualität zur Verfügung. So gelingen Motivtorten heute besser denn je.

Für jeden Anlass etwas

Ob als Geschenk oder als Mitbringsel, als Überraschung für die Gäste einer Party oder einfach nur als nette Geste: Motivtorten passen zu jedem Anlass und sind eine besonders persönliche Form des Backens. Denn jeder weiß, wie viel Arbeit und Mühe hinter einem solchen Kuchenkunstwerk stecken. Wird das Motiv zudem noch einem Anlass entsprechend gestaltet, ist das individuelle Geschenk perfekt. Wer einen selbigen sucht, wird schnell fündig, denn passende Anlässe gibt es jede Menge!

Kreative Geburtstagstorten

Geburtstagskuchen gehören weltweit zu den wichtigsten und bekanntesten Bräuchen, wenn es darum geht, ein neues Lebensjahr zu feiern. Doch neben Klassikern wie Gugelhupf oder Zitronenrolle setzen mittlerweile viele Hobbybäcker auf eine individuell aufs Geburtstagskind abgestimmte Torte. Eine Motivtorte ist der schönste Weg hierfür. Ein Beispiel ist die Jahreszahl in Kuchenform, die die klassischen Kerzen ersetzt. Da sich jedoch nicht jeder über das Fortschreiten seines Alters freut, kann man dem Geburtstagskind auch mit zu ihm passenden Motiven eine Freude machen. Das kann z. B. ein Hobby sein ebenso wie das Sternzeichen des Geburtstagskinds oder eine modellierte Nachbildung seines Gesichts. Aber auch klassische Geburtstagsmotive wie Ballons, Blumen oder Kerzen und Schleifen machen sich gut für ein solches Geschenk. Beachten Sie aber immer, dass die Torte nicht nur äußerlich,

sondern auch kulinarisch dem Geschmack des Beschenkten entsprechen solle. Denken Sie außerdem daran, dass die Geburtstagstorte nicht immer nur allein für das Geburtstagskind selbst gedacht ist, sondern unter Umständen auch für dessen Gäste. Erkundigen Sie sich daher am besten im Vorfeld, ob und wie viele Gäste kommen, damit Sie eine ausreichend große Torte backen können.

Große Freude für die Kleinen

Auch auf Kindergeburtstagen ist die Torte ein besonderes Party-Highlight. Dabei können die Motive gar nicht bunt und vor allem trendig genug sein. Neben den klassischen Geburtstags-, Hobby- und Tiermotiven lieben Kinder besonders Motivtorten mit ihren aktuellen Lieblingsstars wie z. B. Comic- oder Zeichentrickfiguren. Am besten fragen Sie das Geburtstagskind kurz vor seinem Ehrentag nach seinem persönlichen Superhelden. Gut sortierte Backshops sind in der Regel auf dem neusten Stand und bieten vorgefertigte Deko-Motive mit den neuesten Kindertrends an. Damit der

5

Tortenspaß vor lauter Naschen nicht allzu ungesund ausfällt, ist es sinnvoll, auf eine reduzierte Zuckermenge ebenso zu achten wie auf eine etwas geringere Tortengröße. Kinder essen kleine Portionen – entsprechend kleiner darf daher auch die Kuchengröße ausfallen.

Torten zu Feier- und Festtagen

Besondere Feiertage werden weltweit mit einem besonderen Essen gefeiert. Gemeinsam mit Freunden und der Familie am Tisch zu sitzen und sich etwas Besonderes auf dem Teller zu gönnen ist schließlich ein geselliges und gebührendes Ritual. Aufwendige Motivtorten unterstreichen die Besonderheit dieses Tages, der geselligen Runde und des Festmahls noch zusätzlich. Ob zu Weihnachten, zum Osterfest oder an Halloween: Festliche Anlässe lassen sich genug finden – Motive, die man an diesen Tagen zu einer wunderschönen Torte verwandeln kann, ebenfalls. So bieten sich zum Weihnachtsfest beispielsweise Torten mit Tannenbäumen, Weihnachtsmännern, Rentieren, Engeln, Glocken oder Geschenken an. Auch Ostern hat eine bunte Motivauswahl zu bieten: Typisch sind Hasen, Eier, Nester sowie frühlingshafte Blumen und Gräser. Ebenfalls einiges an Motiven zu bieten hat das in Europa immer populärer werdende Halloween: Kürbisse, Gespenster, Spinnen oder Skelette sind die beliebten Gruselklassiker zu diesem Fest. Auch Mutter- und Vatertag kommen für das Backen einer Motivtorte infrage. Mütter verwöhnt man dabei am besten mit Blumen- und Herzmotiven, während Väter lieber Motive für echte Mannsbilder mögen, z. B. eine Torte in Form einer Bierflasche, eines Rennwagens oder eines Fußballs.

Babyshower und Taufe

Partys und Empfänge, die zur Ehrung der werdenden Mutter und des neuen Erdenbürgers von den Freundinnen der Schwangeren gegeben werden, nennt man Babyshower. Diese amerikanische Tradition wird auch hierzulande immer beliebter. Traditionell gehört es zu einer solchen Babyparty, dass ein süßes Büfett angeboten wird. Darauf zu finden sind (alkoholfreie) Bowlen, Cupcakes, Kekse, Bonbons und andere Süßigkeiten sowie als Highlight eine Motivtorte. Damit es den Gästen nicht zu viel des Süßen wird, wird oft empfohlen, die Motivtorte nicht allzu süß zu backen. Reduzieren Sie dafür einfach die im Rezept angegebene Zuckermenge um die Hälfte.

Keine Sorge, der Teig schmeckt dennoch süß genug. Er fällt nur in Kombination mit anderen Süßspeisen nicht mehr allzu aufdringlich ins Gewicht.
Die Motive, die zu einer solchen Party passen, sind zahlreich: Von Klapperstörchen über Babyschuhe und kleine Wiegen oder Kinderwägen bis hin zu Sternen, Schleifen und Herzen ist die Auswahl unzählig. Ob Sie eine ganze Torte in der gewünschten Motivform backen oder eine klassische Torte mit entsprechenden Fondantfiguren verzieren, bleibt dabei ganz Ihnen überlassen. Dieselben Motive bieten sich auch für Torten an, die zum Anlass der Taufe eines Kindes gebacken werden.

Gute Besserung!

Liebe ist die beste Medizin – und Kuchen und Torten sind die besten Seelentröster. Wer also erkrankten Freunden oder Verwandten eine Freude machen möchte, verbindet beides und wünscht mit einer Motivtorte gute Besserung. Solche selbst gemachten Trostspender heben mit Sicherheit die Stimmung. Je nach Art der Krankheit, persönlicher Beziehung und Charakter des Beschenkten bieten sich z. B. Torten mit

aus Fondant geformten Fieberthermometern oder Spritzen, aber auch aufmunternde Schriftzüge (z. B. „Gute Besserung“ oder „Halt durch, Du bist stark“) an. Damit das Ganze nicht allzu ungesund wird, können Sie sie Zuckermenge reduzieren und zusätzlich mit Vollkorn- statt normalem Weißmehl arbeiten. Auch Fruchttorten bieten sich als bekömmlichere Alternative zu schweren Sahne- und Schokotorten an.

Herzensbäckerei

Dass Liebe durch den Magen geht, weiß jeder, der für seinen Partner bereits eine Motivtorte als Liebesbekundung gebacken hat. Ob in einer dekorativen Herzform oder verziert mit Herzchen und kleinen Liebesbotschaften: Liebestorten sind nicht nur am Valentins-, Hochzeits- oder Jahrestag die großen Renner unter den Motivtorten. Und da Naschen bekanntermaßen glücklich macht, sind die originellen Tortenkreationen nicht nur dafür geeignet, sich und dem Partner das Liebesglück zu versüßen, sondern z. B. auch dazu, über eine Trennung hinwegzutrösten. Wetten, eine originelle Trennungstorte in Form eines entzweiten Herzens zaubert der von ihrem Partner verlassenen Freundin gleich wieder ein Lächeln ins Gesicht? Bei einem aufmunternden Gespräch wird die Torte dann am besten gemeinsam verputzt. Geteiltes Leid ist schließlich halbes Leid.

Hoch hinaus zur Hochzeit

Ambitionierte Hobbybäcker kennen keine Grenzen: Wie wäre es daher, wenn Sie einmal versuchen, eine Hochzeitstorte zu backen? Mit etwas Übung wird Ihnen auch das sicherlich gut gelingen. So können Sie nicht nur beim eigenen Jawort mit einer liebevollen Eigenkreation aufwarten, sondern auch befreundeten Paaren damit eine große – und vergleichsweise günstige – Ehre erweisen.

Planung und Vorbereitung

Eine Motivtorte ist ein kleines Kunstwerk. Hierbei geht es nicht um den schnell gemachten Kuchen zum Naschen zwischendurch, sondern um eine besondere Torte, die gut durchdacht und geplant sein will. Die folgenden Überlegungen sollten daher eine Rolle spielen.

Ideenfindung

Am Anfang einer jeden Motivtorte steht eine Idee. Wer eine gelungene Torte gestalten will, sollte sich daher genau überlegen, wie diese aussehen soll. Um die Vorstellung so konkret wie möglich werden zu lassen und um der eigenen Kreativität auf die Sprünge zu helfen, kann es dabei Sinn machen, sich im Internet oder von Backbüchern inspirieren zu lassen. Wer ein Rezept gefunden hat, das er gern nachbacken würde, kann sich daranmachen, sich Gedanken zu dessen Umsetzung zu machen. Wer hingegen seiner eigenen Fantasie freien Lauf lassen und eine Torte ganz nach eigenen Vorstellungen kreieren will, der ist gut damit beraten, die Motivtorte zunächst in einer groben Skizze zu Papier zu bringen. Oft gewinnt man erst durch ein solches Visualisieren ein Gespür dafür, ob das Tortendesign nicht nur in der eigenen Vorstellung, sondern auch später in der Realität wirklich harmonisch und ausgewogen aussehen wird.

Tortengröße: richtig kalkulieren

Eine tolle Torte beeindruckt nicht durch ihre Größe, sondern vor allem durch ihre Details, ihr Design und natürlich ihren Geschmack. Es wäre daher schade, wenn die Torte so groß wäre, dass sie nicht vollständig gegessen wird und Reste übrig bleiben, die unter Umständen entsorgt werden müssen. Eine Möglichkeit, um dieses Ärgernis zu umgehen, ist das Einfrieren von Resten. So hat man auch zu einem späteren Zeitpunkt noch Freude an dem Gebäck. Allerdings eignen sich nur die wenigsten Motivtorten zum Einfrieren. So kommen Torten mit Baiser oder Blätterteig sowie Tortenböden mit Tortenguss hierfür nicht infrage. Auch Sahnetorten eigenen sich nicht für die Gefriertruhe. Sie laufen beim Auftauen auseinander, während Buttercremefüllungen mit Pudding wässrig werden. Torten mit Joghurt, Dickmilch, saurer Sahne und Crème fraîche können nach dem Auftauen flockig werden, sodass Aussehen und Geschmack leiden.
Besser ist es daher, die richtige Portionsgröße von vornherein zu planen, damit erst gar keine Reste entstehen. Eine grundsätzliche Rechenregel besagt, dass man aus einem Kuchen oder einer Torte mit einem Durchmesser von 24 Zentimetern im Durchschnitt 12 normale Kuchenstücke herausbekommt. Zu beachten gilt hier jedoch, dass die Stücke einer Motivtorte oft reichhaltiger sind als die eines gewöhnli-

chen Kuchens. Bei Hochzeitstorten und damit auch bei den meisten Motivtorten rechnet man daher lediglich mit einem halben Kuchenstück pro Gast. Vor allem, wenn es vor dem Kuchen noch eine andere Festmahlzeit gab, ist diese Menge absolut ausreichend kalkuliert.

Das Errechnen der richtigen Portionsgröße wird durch einen weiteren Umstand erschwert: Nicht immer haben Motivtorten eine klassisch runde Form mit 24 oder 26 Zentimetern Durchmesser, sondern z. B. kleinere, größere, eckige oder zusammengesetzte Formen. Zum Umrechnen der richtigen Portionsgröße nimmt man daher besser die Menge der Zutaten zur Hilfe. Rechenhilfen hierzu finden Sie unter dem Suchbegriff „Tortenrechner" im Internet.

Deko-Elemente richtig platzieren

Neben praktischen Erwägungen wie der richtigen Größe kommt es bei Motivtorten auch stark auf optische Überlegungen an, etwa die richtige Platzierung der Deko-Elemente. Damit Ihre Motivtorte nicht überladen, aber auch nicht zu nüchtern wirkt, ist beim Dekorieren ein wenig Fingerspitzengefühl gefragt. Um auszuprobieren, wie Ihre Designidee tatsächlich wirkt, sollten Sie vor dem Backen daher wieder zu Stift und Papier greifen. Hilfestellung geben Ihnen dabei einige klassische Designregeln:

Top 3: Deko-Elemente (z. B. Blumen oder Sterne) sehen in Gruppen am besten aus. Idealerweise platziert man dabei drei Deko-Elemente verschiedener Größe dicht beieinander. Gruppen von zwei oder vier Elementen wirken weniger gefällig als Dreierkombinationen.

Weniger ist mehr: Verzetteln Sie sich nicht mit der Deko. Statt vieler kleiner Deko-Elemente wirkt ein zentrales, auffälliges Element, das sogenannte Masterpiece, mit einigen kleinen Ergänzungen übersichtlicher und damit harmonischer als eine Fülle kleiner Dekos.

Proportionen prüfen: Die Deko-Elemente sollten nicht nur für sich genommen hübsch aussehen, sondern auch immer im Zusammenspiel mit der gesamten Torte betrachtet werden. Die Proportionen der Deko zur Torte dürfen weder zu klein noch zu groß sein, um harmonisch zu wirken.

Hübsches Abseits: Beim Platzieren der Dekoration wählen vor allem Tortenanfänger oft die Tortenmitte aus. Versuchen Sie aber ruhig auch einmal etwas anderes.

Denn näher an den Rändern platziert, sehen Deko-Elemente oft etwas peppiger aus als ordentlich zentriert.

Wiederholungen schaffen: Muster und Farben sollten nicht wild und wahllos kombiniert werden, sondern sich einer gewissen Struktur unterordnen, um zwar abwechslungsreich, dabei aber nicht unharmonisch zu wirken. Bei der Kombination unterschiedlicher Muster sollten Sie daher darauf achten, dass diese in ihrer Farbgebung ähnlich oder identisch sind. Wer hingegen verschiedene Farben miteinander kombinieren möchte, sollte wiederum bei der Wahl der Muster auf Einheitlichkeit achten.

Erste Reihe: Große Deko-Elemente stehlen kleineren oft die Show. Daher gehören auffällige, große oder grelle Elemente weiter in den Hintergrund als kleine, zurückhaltendere Dekorationen.

Richtungsweisend: Versuchen Sie, dem Betrachter optisch einen Weg vorzugeben. Eine Linienführung im Design hilft dabei, den Gesamteindruck bereits beim ersten Betrachten zu erfassen und die Deko harmonisch wirken zu lassen.

Deko-Materialien: Fondant, Marzipan und Blütenpaste

Zum Modellieren von Figuren und Blüten werden grundsätzlich drei verschiedene Materialien verwendet: Fondant, Blütenpaste und Marzipan. Gerade unter Backneulingen herrscht oft große Verwirrung, welches Material sich für welchen Zweck eignet. Bei Fondant und Blütenpaste handelt es sich grundsätzlich um reine Zuckerpasten. Allerdings haben sie jeweils verschiedene Einsatzzwecke: Reiner Fondant (oder Rollfondant) wird zum Eindecken von Torten verwendet. Blütenpaste nutzt man zum Modellieren filigraner Deko-Elemente, z. B. von Blüten. Zum Formen von Figuren verwendet man Fondant gemischt mit CMC oder Blütenpaste, um ihm mehr Stabilität zu verleihen, den sogenannten Modellierfondant.

Die verschiedenen Einsatzmöglichkeiten beruhen zum einen auf der unterschiedlichen Konsistenz von Fondant und Blütenpaste. So ist Fondant gröber und zäher als Blütenpaste. Letztere besitzt eine feine Konsistenz und lässt sich entsprechend feiner modellieren. Die Struktur der Blütenpaste kann dabei so dünn verarbeitet werden, dass sie leicht transparent und damit so zart und zerbrechlich wirkt wie eine echte Blüte. Mit Fondant lassen sich zwar ebenfalls Blüten formen, jedoch wirken diese im Endergebnis weniger originalgetreu. Ein weiterer Unterschied zwischen den beiden

Zuckerpasten liegt darin, dass Blütenpaste wesentlich schneller und vollständiger trocknet als Fondant. Für das Kreieren von Blüten ist dies wichtig, damit die filigranen Figuren nicht in sich zusammenfallen. Würde hingegen Rollfondant schnell vollständig trocknen, würde dies zu Rissen in der Tortendecke und einer unerwünscht harten Konsistenz des Tortenüberzugs führen.
Da sowohl Fondant als auch Blütenpaste sehr süß sind, bietet Marzipan eine geschmackliche Alternative. Allerdings ist die Mandel-Zucker-Masse vergleichsweise grob und lässt damit keine Feinheiten beim Modellieren zu. Auch fängt Marzipan beim Kontakt mit (Körper-)Wärme schnell an zu kleben. Nachteilig ist außerdem, dass Marzipan stets eine leicht gelbliche Färbung hat, während ungefärbte Zuckerpasten rein weiß sind. Mit Lebensmittelfarben einfärben lassen sich jedoch sämtliche Materialien gleich gut.

Farbstoffe – Farbenfreude zum Backen

Zum Einfärben der Zuckerpasten lassen sich Farben verschiedener Konsistenz verwenden. Grundsätzlich unterscheidet man zwischen Puder-, Gel- und Pastenfarben sowie flüssigen Lebensmittelfarben. Letztere eignen sich vor allem zum Bemalen von Torten oder für die Airbrush-Technik. Bei ihnen ist der Flüssigkeitsanteil höher als der Anteil an Farbpigmenten, weshalb sie vergleichsweise schwach decken. Weniger flüssig, dafür aber deutlich farbintensiver sind Gel- oder Pastenfarben. Da sie sich leicht dosieren lassen, werden sie gern zum Einfärben von Fondant und Blütenpaste verwendet. Puder- und Pulverfarben sind hingegen gänzlich trocken. Mit ihnen werden z. B. Blüten und Blumen schattiert. Man kann sie jedoch auch mit Wasser mischen und so zum Einfärben von Fondant und Blütenpaste verwenden. In der Praxis bedienen sich die meisten Hobbybäcker jedoch meist der praktischen Gel- und Pastenfarben.

Kunterbunt: Die perfekte Farbwahl

Motivtorten wirken nicht nur durch die verwendeten Motive, sondern auch durch ihre Farben. Denn über die visuelle Wahrnehmung lassen sich verschiedene emotionale Wirkungen erzielen. So empfinden wir zarte Pastelltöne wie z. B. Rosa als sanft und kindlich, während tiefe Farbtöne wie Dunkelrot oder Marineblau als edel wahrgenommen werden und leuchtende Farben etwas Lebendiges ausstrahlen. Welche Farbe Sie für Ihre Torte verwenden, hängt also nicht nur von Ihrem persönlichen Geschmack ab, sondern auch von der Wirkung, die Sie damit erzielen wollen. Um eine festliche Stimmung zu erzeugen, sollte die Farbgebung der Torten möglichst auch auf den entsprechenden Anlass abgestimmt werden. So sind zu Weihnachten gedeckte Farben wie z. B. Dunkelgrün oder Dunkelrot und edle Nuancen wie Gold oder Silber passend, während zu Ostern eher zarte Pastelltöne wie Hellgrün, Hellgelb, Flieder oder Apricot in die Jahreszeit passen.

Im Handel gibt es inzwischen ein nahezu lückenloses Spektrum an Lebensmittelfarben und fertig eingefärbten Deko-Materialien wie z. B. Fondant. Die Auswahl ist schier endlos. Trotzdem geschieht es oft, dass ausgerechnet die Farbe der eigenen Traumtorte nicht zu finden ist. Doch auch das ist kein Problem. Denn theoretisch genügen die drei Grundfarben Rot, Gelb und Blau, um alle weiteren Farben daraus zu mischen. In der Praxis lassen sich mit den selbst gemischten Farben jedoch oft nicht die feinen Farbabstufungen erreichen, die man sich vielleicht wünscht. Aus diesem Grund ist es auch möglich, die unterschiedlichen Fertigfarben noch weiter untereinander zu mischen. Einige Hersteller bieten sogar spezielle Farbkarten an, auf denen sämtliche Farbnuancen abgebildet sind – einschließlich einer Anleitung, wie man exakt die gewünschte Farbnuance trifft. Dabei wird mit genauer Grammzahl angegeben, welche Farben man mischen muss, um den gewünschten Ton zu treffen. Wer sich exakt an die Vorgaben hält, dem gelingen auf diese Weise sehr feine Akzentuierungen.

Zeitmanagement: Backen braucht Muße

Eine Motivtorte ist kein Projekt, das sich mal so eben aus dem Ärmel schütteln lässt. Stattdessen gilt: Kuchenkunst braucht Zeit – vor allem aber eine gute Einteilung derselben, damit man dabei nicht in Stress und Hektik gerät. Um dies zu vermeiden, hilft folgende grobe Zeitplanung.

Zwei bis drei Wochen vorher

Die ersten groben Arbeiten der Tortenplanung sollten mit einem großzügigen Vorlauf stattfinden. Vor allem die Ideenfindung für passende Motive und das Skizzieren

des Designs dürfen ruhig einige Wochen im Vorfeld stattfinden. So bleibt ausreichend Zeit für den Feinschliff.
Auch das Einkaufen oder Bestellen der benötigten Werkzeuge und Zutaten kann etwas Zeit in Anspruch nehmen und sollte daher rechtzeitig erledigt werden. Wer Figuren und Deko-Elemente selbst herstellt, kann ebenfalls früh damit beginnen. Oft benötigen die kleinen Kunstwerke bis zu zwei Tage, um vollständig zu trocknen und damit die nötige Stabilität zu erreichen. Da sich die meisten Deko-Elemente aus Zucker über mehrere Wochen halten, steht einer frühen Vorbereitung daher nichts im Wege.

Drei Tage vorher: Böden backen

Drei Tage, bevor die Traumtorte fertig sein soll, kann man bereits mit dem Backen beginnen. Sämtliche Böden können nun in aller Ruhe vorbereitet werden, gut auskühlen und in Folie verpackt werden. Denn je besser der Boden ausgekühlt ist, desto weniger krümelt er und desto besser lässt er sich später schneiden und verarbeiten.

Nach dem Auskühlen luftdicht verpackte Böden halten sich gekühlt (oder bei geringer Zimmertemperatur) problemlos mehrere Tage.

Zwei Tage vorher: Cremes und Füllung

Auch viele Cremes und Füllungen können gut im Voraus vorbereitet werden. Zwar dauert die Zubereitung von Ganache oder Buttercreme an sich nicht sonderlich lange, doch hier gilt es Kühlzeiten zu beachten, die mehrere Stunden dauern können. Sollten die Cremes in dieser Zeit zu fest geworden sein, können Sie sie kurz vor der Weiterverarbeitung vorsichtig erwärmen und leicht aufschlagen. Sind Creme und Füllung fertig, kann die Torte auch schon gefüllt werden. Denn einige Füllungen, insbesondere solche mit Gelatine, benötigen ausreichend Kühlzeit, bis die Torte stabil genug ist, um sie zu dekorieren.

Einen Tag vorher: Deko und Fertigstellung

„Sicher ist sicher", sagt ein Sprichwort. Aus diesem Grund sollte Ihre Traumtorte nicht erst auf den letzten Drücker fertig werden, sondern besser bereits einen Tag vor dem Servieren. Planen Sie daher für die letzten Handgriffe und die Dekoration am besten einen ganzen Tag ein. Denken Sie daran, dass das Einstreichen mit Creme und das Abdecken mit Fondant am besten funktioniert, wenn die Torte komplett und gut durchgekühlt ist. Bedenken Sie auch, dass an heißen Sommertagen mehr Kühlzeit erforderlich ist als im ohnehin kühlen Winter.

Nur keine Hektik: Tipps bei Zeitnot

Damit Zeitdruck gar nicht erst aufkommt oder wenn Sie sich in der Planung etwas verkalkuliert haben, helfen folgende Tipps dabei, die Situation zu entspannen:

- **Gefroren statt gehetzt:** Trockenes Gebäck und Kuchenböden lassen sich wunderbar einfrieren. Wenn es einmal schnell oder spontan sein muss, sparen Sie sich so einige Arbeitsschritte. Auch einige Füllungen lassen sich gut vorbereiten oder einfrieren.
- **Je einfacher, desto besser:** Wenn es einmal schnell gehen muss, bleibt keine Zeit für aufwendige Figuren oder komplizierte Füllungen. In diesem Fall verzichtet man auf alles, was lange Zeit zum Trocknen braucht.

Reduziertes Design: Der Teufel steckt auch beim Backen von Motivtorten im Detail. Wer Zeit sparen will, verzichtet daher auf den letzten Feinschliff. Beim Herstellen von Deko-Blumen können Sie beispielsweise das Prägen der Blütenstruktur auslassen. Im Zweifel arbeiten Sie anstelle von handgeformten Deko-Elementen mit Ausstechern oder sogar mit fertigen Figuren.

Schnelle Schnörkel: Verspielte Designs verzeihen Patzer besser als geometrische Muster, bei denen es auf eine exakte Linienführung ankommt. Wer es eilig hat, wählt daher lieber ein eher ungeordnetes Design, bei dem es weniger um die Details, als vielmehr um die Gesamtwirkung geht.

Ab in den Kühlschrank

Der Kühlschrank ist der einzige Ort, an dem eine Torte sicher gelagert werden kann. Viele Hobbybäcker fürchten jedoch, dass ihr Kunstwerk dabei zerstört wird. Die größ-

te Gefahr hierbei ist das entstehende Kondenswasser. So können beispielsweise sehr filigrane Zuckerfiguren durch den Kontakt mit Wasser aufweichen oder die Torte kann insgesamt klebrig werden. Es ist daher empfehlenswert, feine Dekorationselemente so zu planen, dass man sie bis zur weiteren Verwendung separat an einem kühlen, dunklen und trockenen Ort (z. B. im Keller) lagern und sie erst kurz vor dem Servieren auf die Torte setzen kann. Bei größeren Deko-Elementen muss man sich hingegen um das Kondenswasser keine Sorgen machen. Wird die Torte früh genug aus der Kühlung geholt, hat alles ausreichend Zeit zu trocknen. Ohnehin benötigt die Torte vor dem Verzehr etwa zwei bis drei Stunden, um nahezu auf Zimmertemperatur zu kommen und so ihren vollen Geschmack entfalten zu können.

Nützliche Helfer

Ein in den meisten Haushalten ohnehin vorhandener Schneebesen oder ein Rührgerät mögen für simplen Napfkuchen vielleicht noch genügen. Wer hingegen eine dekorative Motivtorte zubereiten möchte, braucht auf jeden Fall eine größere Auswahl an Hilfsmitteln und Werkzeugen. Gerade als Backneuling kann man jedoch bei dem riesigen Angebot an Dekorier- und Modellierwerkzeugen schnell einmal den Überblick verlieren. Im Folgenden erhalten Sie daher einen Überblick über einige nützliche Helfer, die Sie immer wieder benötigen.

Drehteller

Hierbei handelt es sich um eine Platte, die auf einem drehbaren Sockel sitzt. Eingesetzt werden Drehteller vor allem beim Überziehen und Einstreichen von Torten, da das Ergebnis auf diese Weise besonders gleichmäßig und glatt wird. Ein Drehteller ist zwar nicht zwingend nötig, erleichtert die Arbeit aber ungemein. Idealerweise wählt man einen Teller, der keinen allzu geringen Durchmesser hat. So stehen die Torten nicht nur stabiler, auch das Überziehen mit Fondant wird erleichtert. Denn so liegt der überschüssige Fondant auf dem Teller auf und man vermeidet, dass er lose in der Luft hängt und durch sein Eigengewicht reißt oder sich zu stark dehnt. Achten Sie beim Kauf auf einen ebenmäßigen Untergrund und auf eine ruhige, gleichmäßige Laufrichtung.

Cake Boards

Cake Boards sind lebensmittelechte, beschichtete Platten aus Pappe. Im Deutschen verwendet man hierfür oft auch die Bezeichnung Tortenplatte. Cake Boards gibt es in verschiedenen Stärken und Formen. Sie dienen als Unterlage für Torten und verleihen ihnen nicht nur die nötige Stabilität, sondern erleichtern auch das Umsetzen der Torte z. B. von der Arbeitsplatte auf einen Präsentationsteller. Vor allem bei gestapelten Torten sind sie unverzichtbar und sorgen für Stabilität. Tortenplatten gibt es zwar in verschiedenen Farben, da sie jedoch ohnehin mit Creme oder Fondant überzogen werden, ist dies zweitrangig. Durch ihre Beschichtung saugen sich die Pappplatten in der Regel nicht mit Flüssigkeit voll, sodass sie sich durchaus ein bis zweimal wiederverwenden lassen.

Teigschaber/Teigspachtel

Dieses Werkzeug sieht aus wie ein langer Spachtel aus Edelstahl und ist zum Einstreichen von Torten gedacht. Empfehlenswert sind Teigschaber von wenigstens zehn

Zentimetern Länge. Sofern höhere Torten hergestellt werden sollen, muss der Spachtel sogar noch länger ausfallen. Er sollte von der Oberkante bis zur Unterkante der Torte reichen, um ein gleichmäßiges Ergebnis zu erzielen. Zudem sollte er einen rechten Winkel aufweisen, der dafür sorgt, dass die Ecken und Kanten der Torte perfekt werden.

Ausrollmatten

Um Fondant perfekt und gleichmäßig ausrollen zu können, genügt in der Regel eine saubere Arbeitsplatte, die ausreichend Platz bietet. Problematisch ist hierbei lediglich, dass der Fondant leicht an der Oberfläche kleben bleibt oder schnell beginnt auszutrocknen. Verhindern kann man das Ankleben durch das Ausstreuen von Bäckerstärke. Diese ist feiner als gewöhnliche Speisestärke, sodass kaum Spuren davon am Fondant haften bleiben. Im Handel gibt es aber auch spezielle Silikonunterlagen, die das Ankleben verhindern und das zügige, gleichmäßige Ausrollen erleichtern. Wer auch trotz der Spezialmatten noch Probleme beim Ausrollen hat, der kann es mit sogenannten Doppelmatten versuchen. Dabei handelt es sich um zwei dünne Silikonmatten, zwischen denen der Fondant ausgerollt wird. So wird er von beiden Seiten geschützt, kann besonders gleichmäßig ausgerollt werden und trocknet weniger schnell aus. Allerdings sind solche Spezialmatten oft recht teuer. Wer nach einer günstigeren Alternative sucht, kann es mit zwei ausreichend steifen Plastiktischdecken versuchen, die er auf die gewünschte Größe zuschneidet. Achten Sie hierbei jedoch unbedingt auf Lebensmittelechtheit!

Ausrollstäbe

Gerade wenn man mit feinem Fondant oder Blütenpaste arbeitet, macht es Sinn, diese nicht einfach mit einem gewöhnlichen Nudelholz auszurollen, sondern einen speziellen Ausrollstab für Torten zu verwenden. Diese Ausrollstäbe haben sehr feine und glatte Plastikoberflächen, sodass weder Teig noch Zuckerpaste daran festkleben. Zudem verhindert die glatte Oberfläche, dass Maserungen, wie sie durch Holz entstehen, später noch auf dem empfindlichen Fondant zu sehen sind. Die Ausrollstäbe werden in der Regel mit zwei kleinen Gummiringen geliefert, die über die Enden des Ausrollstabs gestülpt werden. Die Gummiringe verhindern ein ungleichmäßiges Ausrollen, sodass man stets einen gleichmäßig dicken oder dünnen Fondant erhält. Sinnvoll ist es, sowohl einen kleinen als auch einen großen Ausrollstab zu verwenden. Der kleinere Stab wird für dünne Fondantschichten und Blütenpaste (z. B. als Grundlage für Blüten oder feine Figuren) verwendet, der größere ist für große Fondantschichten zum Eindecken von Torten gedacht.

Schneidewerkzeuge

Zwar tut es zu Beginn auch ein normales Küchenmesser. Wer jedoch besonders präzise arbeiten möchte, kommt um eine etwas bessere Ausstattung nicht umhin. Neben einem Plastikmesser, das sich besonders zum Kürzen von Fondant eignet, sind vor allem ein Skalpell und ein Schneiderädchen sinnvolle Anschaffungen. Das Skalpell eignet sich für sämtliche Feinschnitte beim Modellieren von Figuren. Das Rollmesser oder Schneiderädchen ist hingegen beim Schneiden gerader Linien, aber auch lang gezogener Biegungen und Kurven hilfreich. Wer sich hierbei eine größere Investition sparen möchte, kann zwar auch mit einem Pizzamesser arbeiten, spezielle Rollschneider für Torten sind in der Regel jedoch kleiner und damit praktischer in der Handhabung.

Ausstecher

Die Auswahl an Ausstechern ist schier unerschöpflich. Während sich die jeweiligen Motive nach dem Design Ihrer Traumtorte richten, gelten für die Qualität der Ausstecher ein paar grundsätzliche Regeln: Achten Sie darauf, dass die Kanten des Ausstechers gleichmäßig und scharf sind. Denn sind diese nicht scharf genug, erhalten die ausgestochenen Figuren eine ausgefranste Optik. Zwar sagt man, dass Ausstecher aus Metall grundsätzlich schärfer sind als Plastikausstecher. Bei hochwertigen Produkten ist dieses Vorurteil jedoch unbegründet. Plastikausstecher haben sogar den Vorteil, dass sie keine störenden Schweißnähte besitzen und nicht nach einiger Zeit zu rosten beginnen.

Modellierwerkzeug

Ob zum Formen von Figuren, zum Ausbessern kleiner Patzer oder zum Modellieren von Zuckerblumen: Modellierwerkzeug braucht ein Motivtortenbäcker in fast

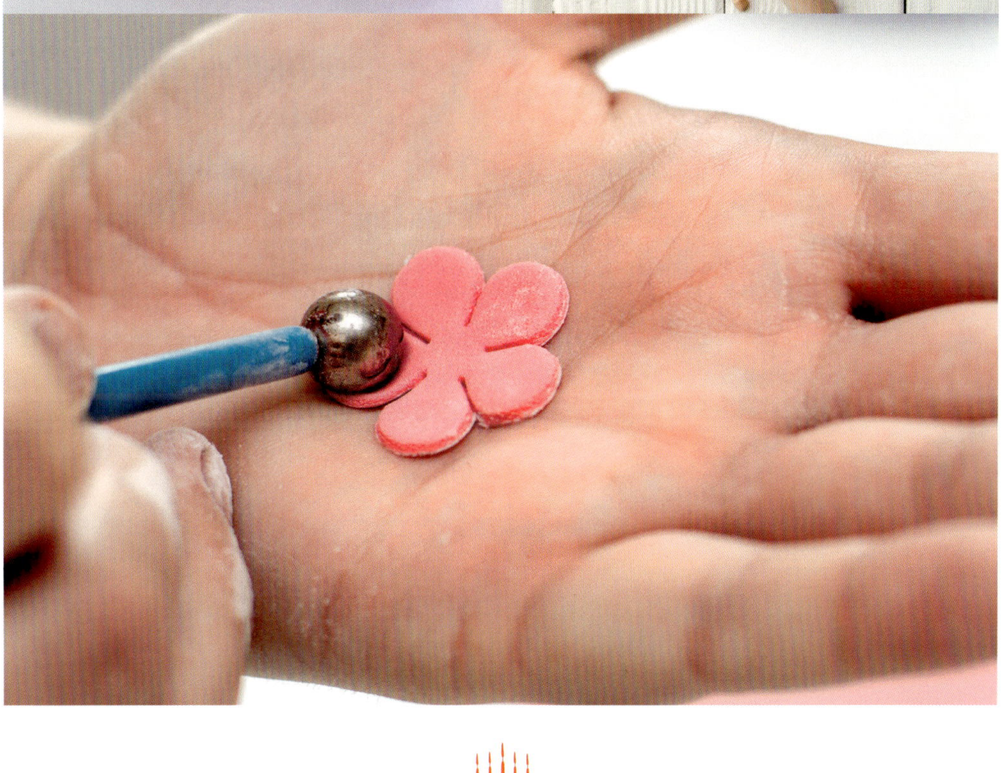

jeder Lebenslage. Für Tortenneulinge macht es Sinn, ein fertig zusammengestelltes Modellierset anzuschaffen. Hier sind die wichtigsten Modellierwerkzeuge bereits enthalten. Später, wenn man weiß, welche Figuren man am häufigsten formt und welches Spezialwerkzeug einem hierfür noch fehlt, lässt sich das Set nach und nach aufstocken.
Achten Sie auch hier auf die Qualität. Eine gute Verarbeitung erkennt man nicht unbedingt am verwendeten Material (Plastik, Metall und Silikon haben jeweils ihre eigenen Vor- und Nachteile). Wohl aber sollte man darauf achten, dass die Werkzeuge gleichmäßig verarbeitet sind, also keine sichtbaren Nähte haben, die unschöne Druckstellen auf Figuren und Blüten hinterlassen würden. Als Basisausstattung sind in den meisten Startersets sowohl Ball- als auch Veining-Tools enthalten. Die Balltools werden nicht nur zum Formen, sondern auch zum vorsichtigen Ausstreichen von Blütenenden verwendet, um diese authentischer wirken zu lassen. Das Veining-Tool eignet sich hingegen zum Ziehen von Linien und Kerben sowie zum Kräuseln von Blatt- und Blütenrändern.

Blumenformer

Blumenformer sind kleine Förmchen, in die man den Fondant gibt, um ihm eine gebogene Blütenform zu verleihen und ihn trocknen zu lassen. Es gibt sie in unzähligen Formen und Modellen. Jedoch ist es gerade für Tortenanfänger nicht unbedingt immer nötig, sich solche Former anzuschaffen. Günstige Alternativen bieten beispielsweise umfunktionierte Eierbecher, Toffeeverpackungen, Tee- oder Esslöffel.

Styroporbälle und -kegel

Die meisten Figuren und Blüten, die ein Hobbykonditor in mühevoller Kleinarbeit formt, sind nicht zum Verzehr geeignet. Sie dienen als reine Dekoration und können aufgrund ihrer guten Haltbarkeit über Monate oder sogar Jahre aufbewahrt und immer wieder verwendet werden. Da sie ohnehin nicht zum Verzehr gedacht sind, bietet es sich bei größeren Blumen an, den Kern aus Styropor zu fertigen. Das Material ist leicht, haltbar und gut zu verarbeiten. Alternativ können Sie für diesen Zweck auch mit zusammengedrückter Alufolie oder mit Blütenpaste arbeiten, die zu einer Kugel geformt wird. Styropor ist jedoch wesentlich leichter, einfacher in der Handhabung und zudem recht günstig.

Grundrezepte

Grundrezepte

Allroundteig

Eng verwandt mit einem herkömmlichen Biskuitteig, ist dieser Teig sehr saftig, luftig und locker. Im Gegensatz zu Biskuit lässt er sich auch frisch gebacken gut zuschneiden, ist aber etwas gehaltvoller. Das Rezept ist schnell gemacht, gut abwandelbar und eignet sich für alle Arten von Motivtorten, aber beispielsweise auch für Cupcakes. Der Teig ist recht stabil und lässt sich gut füllen, zum Schnitzen eines 3D-Kuchens ist jedoch ein stabilerer Rührteig besser geeignet.

Zubereitungszeit: ca. 20 Min. und Backen ca. 50 Min.

Zutaten für 1 Springform von 18–20 cm Durchmesser: 100 ml neutrales Pflanzenöl und etwas Fett für die Form, 150 g Mehl und etwas Mehl für die Form, 2 Eier, 100 g Zucker, 1 Prise Salz, 100 ml Flüssigkeit (z. B. Eierlikör, Apfelsaft, Milch oder Buttermilch), ½ Pck. Backpulver

Zubereitung:

1. Backofen auf 200 °C (Umluft: 180 °C) vorheizen. Form einfetten und mit Mehl bestäuben oder mit Backpapier auslegen. Eier, Zucker und Salz in einer Schüssel ca. 10 Minuten schaumig schlagen. Flüssigkeit und Öl zugeben und auf niedriger Stufe kurz weiterrühren. Mehl und Backpulver mischen und mit dem Teigspatel unterheben.
2. Teig in die vorbereitete Form füllen und im vorgeheizten Backofen in der unteren Ofenhälfte ca. 40–50 Minuten backen. Stäbchenprobe machen (am Holzstäbchen darf kein Teig mehr kleben).
3. Fertigen Kuchen einige Minuten in der Form abkühlen lassen, aus der Form lösen und vollständig auf einem Kuchengitter auskühlen lassen.

Biskuitteig

Das folgende Rezept ergibt einen lockeren, fettarmen, aber eher trockenen Teig, der schnell gemacht ist. Allerdings lässt er sich nicht gut vorbereiten, da er leicht durchweicht. Er ist neutral im Geschmack und passt daher gut zu verschiedenen Füllungen. Da er unter einem größeren Gewicht schon einmal nachgeben kann, ist er als „Untersatz" mehrstöckiger Torten und für Motivtorten mit viel Fondant und üppiger Deko nicht ideal. Besser eignet sich der luftig leichte Teig als oberer Teil mehrstöckiger Torten. Raffiniert sind auch dekorativ verzierte, cremegefüllte Biskuitrollen.

Zubereitungszeit: ca. 25 Min. und Backen ca. 50 Min.

Zutaten für 3 Tortenböden à 26 cm Durchmesser oder 1 flachen Boden in Backblechgröße: 6 Eier, 1 Prise Salz, 200 g Zucker, 1 Pck. Vanillezucker, 150 g Mehl, 50 g Speisestärke, 1 TL Backpulver

Zubereitung:

1. Backofen auf 180 °C (Umluft: 160 °C) vorheizen. Springform oder Backblech mit Backpapier auslegen. Eier trennen. Eiweiße mit 1 Prise Salz fast steif schlagen. Hälfte des Zuckers und Vanillezucker zugeben und rühren, bis der Zucker aufgelöst ist und eine feste, glänzende Masse entstanden ist, die harte Spitzen zieht.

2. Eigelbe mit übrigem Zucker hell aufschlagen und zum Eischnee geben. Beide Massen vorsichtig mit dem Schneebesen vermengen. Mehl mit Speistärke und Backpulver zusieben und mit dem Schneebesen behutsam unterheben.

3. Teig in die vorbereitete Form oder auf das Backblech verteilen und ca. 40–50 Minuten (Springform) bzw. ca. 15 Minuten (Backblech) backen. Ofentür dabei in den ersten zwei Dritteln der Backzeit nicht öffnen. Der Teig sollte schön aufgehen und nicht zu dunkel werden (Stäbchenprobe machen).

4. Biskuit etwas auskühlen lassen, auf ein feinmaschiges Kuchengitter stürzen, Backpapier entfernen und vollständig auskühlen lassen.

Variante:

Für einen Schokobiskuit 20 Gramm Mehl durch 25–40 Gramm Kakaopulver ersetzen. Soll der Teig etwas saftiger und fester werden, zum Schluss etwas flüssige Butter unterrühren („Wiener Biskuit“).

Rührteig

Der stabile Rührteig lässt sich gut zuschneiden, füllen, einstreichen und eindecken. Er eignet sich daher besonders gut als unterer Stock einer mehrstöckigen Torte, aber auch für geschnitzte 3D-Torten und für Cupcakes. Außerdem lässt er sich gut vorbereiten und – durch Schokoguss, Fondant oder Folie abgedeckt – lange lagern. Er ist eher gehaltvoll und sollte gut und lange gerührt werden, damit er locker und saftig ist.

Zubereitungszeit: ca. 25 Min. und Backen ca. 55 Min.

Zutaten für 1 Springform mit 20 cm Durchmesser (8 cm Höhe): 250 g weiche Butter und etwas Fett für die Form, 250 g Zucker, 1 Prise Salz, 5 Eier, 250 g Mehl, 1 EL Backpulver

Zubereitung:

1. Backofen auf 180 °C (Umluft: 160 °C) vorheizen. Springform einfetten oder mit Backpapier auslegen. Butter mit Zucker und 1 Prise Salz ca. 10 Minuten hell aufschlagen.

2. Eier einzeln unterrühren, dazwischen jeweils mindestens 30 Sekunden weiterschlagen. Mehl mit Backpulver gemischt zusieben und zügig unter die Butter-Ei-Masse rühren.

3. Teig in die vorbereitete Form füllen und im unteren Drittel des vorgeheizten Backofens ca. 55 Min. goldgelb backen (Stäbchenprobe machen).

4. Kuchen ca. 10 Minuten in der Form auskühlen lassen, vorsichtig aus der Form lösen und auf einem Kuchengitter vollständig auskühlen lassen.

Marmorkuchenteig

Dieses Rezept ergibt einen lockeren, saftigen Kuchen, der stabil und, in Folie verpackt, gut haltbar ist. Er ist gut für Motivtorten geeignet, die mit Buttercreme oder Ganache eingestrichen oder gefüllt werden. Geschmacklich passt er z. B. zu Vanillesahne, Nuss-Nugat-Creme, aber auch zu verschiedenen Marmeladen (z. B. Aprikosen-, Orangen-, Kirsch- oder Himbeermarmelade). Da er sehr luftig ist, ist er für geschnitzte 3D-Torten weniger ideal.

Zubereitungszeit: ca. 35 Min. und Backen ca. 1 Std.

Zutaten für 1 Springform mit 20 cm Durchmesser (6 cm Höhe): 200 g Butter und etwas Fett für die Form, 280 g Mehl und etwas Mehl für die Form, 6 Eier, 280 g Zucker, 1 Prise Salz, 2 EL Rum oder Wasser, nach Belieben etwas Vanille, 1 EL Backpulver, 100 ml Milch, 20 g Kakaopulver, 50 ml Mineralwasser

Zubereitung:

1. Backofen auf 180 °C (Umluft: 160 °C) vorheizen. Springform einfetten und mit etwas Mehl bestäuben. Eier trennen. Eiweiße mit 120 Gramm Zucker und 1 Prise Salz steif schlagen.

2. Butter mit restlichem Zucker schaumig-hell aufschlagen. Eigelbe sorgfältig einzeln unterrühren. Rum oder Wasser und nach Belieben etwas Vanille zugeben und kurz unterrühren.

3. Mehl und Backpulver vermischen und sieben. Je ein Drittel Mehlmischung, Milch und Eischnee zur Buttermasse geben und behutsam mit dem Löffel unterheben, bis ein weicher, glatter Teig entstanden ist. Nacheinander mit den restlichen zwei Dritteln Mehlmischung, Milch und Eischnee wiederholen. Hälfte des Teigs in die vorbereitete Form füllen.

4. Kakao und Mineralwasser verrühren und unter den übrigen Teig mengen. Schokoladenteig auf den Vanilleteig geben und mit einer Gabel spiralförmig durch die Teige ziehen.

5. Im vorgeheizten Backofen ca. 1 Std. hell backen (Stäbchenprobe machen). In der Form vollständig auskühlen lassen und auf ein Kuchengitter stürzen.

Swiss-Meringue-Buttercreme

Dies ist eine klassische Buttercreme, die sich zum Füllen, Einstreichen und Verzieren von Motivtorten eignet. Sie weist einen feinen Buttergeschmack auf und ist nicht zu süß. Nach Belieben lässt sie sich mit Lebensmittelfarbe einfärben, verträgt sich gut mit Fondant, ist sehr stabil und lässt sich hervorragend spritzen. Auch für Cupcakes ist diese Buttercreme geeignet. Da sie jedoch sehr gehaltvoll ist, sollte man nur sehr dünne Cremeschichten verwenden. Korrekt zubereitet, hält sie sich im Kühlschrank ca. 5 Tage. Man kann sie aber auch gut auf Vorrat zubereiten oder portionsweise einfrieren. Nach dem Auftauen einfach bei Zimmertemperatur cremig schlagen.

Zubereitungszeit: ca. 15 Min. und Kühlzeit ca. 1 Std.

Zutaten für ca. 850 g Buttercreme (reicht zum Einstreichen und Füllen von 1 Torte mit 26 cm Durchmesser und 6 cm Höhe oder für die Cremehaube von mindestens 12 Cupcakes): 6 Eiweiß, 250 g Zucker, 360 g weiche Butter

Zubereitung:

1. Eiweiß und Zucker in einer Rührschüssel ca. 5 Minuten über einem Wasserbad mit der Hand verrühren, bis die Masse warm ist und der Zucker sich vollständig aufgelöst hat.

2. Schüssel vom Wasserbad nehmen und Eiweiß bei hoher Geschwindigkeit mit dem Handrührgerät steif schlagen, bis der Eischnee fest und glänzend wird, vollständig abgekühlt ist und feste Spitzen bildet.

3. Butter esslöffelweise zugeben und bei langsamer bis mittlerer Geschwindigkeit einrühren, bis die Creme fest und homogen ist.

4. Torte mit weicher Creme einstreichen und ca. 1 Stunde kühlen. Danach kann sie mit Fondant eingedeckt werden.

Schokoladenganache

Diese fondanttaugliche Schokocreme eignet sich hervorragend zum Einstreichen von Motivtorten. Da sie auch bei Zimmertemperatur sehr fest wird, verleiht sie der Torte zusätzliche Stabilität. Vor allem für 3D-Torten und Sommertorten ist sie ideal. Gekühlt ist die Schokoladenganache ca. 10 Tage haltbar. Möchte man sie einfrieren, kann man sie vor der Verwendung einfach im Kühlschrank wieder auftauen und sie im Wasserbad oder in der Mikrowelle auf die richtige Konsistenz bringen.

Zubereitungszeit: ca. 20 Min. und Kühlzeit ca. 4 Std.

Zutaten für ca. 1,3 kg Vollmilchganache oder 1 kg Zartbitterganache oder 1,6 kg weiße Ganache (reicht zum Einstreichen einer Torte mit 26 cm Durchmesser und 6–8 cm Höhe): 900 g Vollmilchschokolade (oder 600 g Zartbitterschokolade oder 1,2 kg weiße Schokolade), 400 g Sahne (30 % Fett)

Zubereitung:

1. Schokolade fein hacken. Sahne mit gehackter Schokolade über dem Wasserbad schmelzen lassen.

2. Mit dem Schneebesen von der Mitte aus nach außen glatt rühren, bis eine glänzende, weiche Creme entstanden ist.

3. Ganache im Kühlschrank ca. 3–4 Stunden abkühlen lassen, bis sie eine ähnliche Konsistenz wie Nuss-Nugat-Creme hat.

4. Ist die Schokoladenganache zu fest geworden, wenige Sekunden in der Mikrowelle oder einige Minuten über einem heißen Wasserbad erwärmen. Vor der Verwendung kurz glatt rühren.

Helle Spiegelglasur

Wer seine Torte mit einer spiegelglatten Oberfläche verzieren will, greift zu einer Spiegelglasur. Sie lässt sich beliebig einfärben und verzieren und eignet sich für zahlreiche Tortenrezepte. Sie ist weniger süß als eine Schokoglasur und hat eine leichtere Konsistenz als Fondant. Perfekt ist sie daher für leichte Sommertorten und Sahnetorten. Aber auch alle Torten, die eingefroren werden können, können auf diese Weise glasiert werden. Nur Puddingbuttercreme ist hierfür nicht geeignet. Das Gleiche gilt für Marzipan, Fondant oder Blütenpaste, da diese nach einiger Zeit Feuchtigkeit ziehen und zerlaufen würden. Die Glasur ist gekühlt ca. 3–4 Tage haltbar.

Zubereitungszeit: ca. 30 Min.

Zutaten für ca. 800 g (reicht zum doppelten Glasieren einer Torte mit 24–28 cm Durchmesser und 6 cm Höhe): 2 Pck. Gelatinepulver (gekörnt) oder 12 Blatt Gelatine, 200 g Glukosesirup, 200 g Zucker, 220 g weiße Schokolade, 150 ml Sahne, nach Belieben Lebensmittelfarbe in Pastenform

Zubereitung:

1. Gelatine nach Packungsanweisung einweichen und ca. 10 Minuten quellen lassen. Blattgelatine gut ausdrücken.

2. 130 Milliliter Wasser, Sirup und Zucker aufkochen lassen und rühren, bis sich der Zucker aufgelöst hat. Leicht abkühlen lassen. Gelatine in der heißen Flüssigkeit auflösen.

3. Schokolade zugeben, einige Minuten schmelzen lassen und Schokomasse glatt rühren. Sahne gut einrühren. Glasur nach Belieben mit Lebensmittelfarbe einfärben.

4. Glasur handwarm abkühlen lassen. Torte mit einer hellen Creme (z. B. Buttercreme oder Ganache) glatt einstreichen und mindestens 6 Stunden, besser über Nacht, einfrieren. Angefrorene oder gefrorene Torte auf einem Gitter auf eine Auflaufform oder auf ein Backblech stellen und großzügig mit Glasur übergießen.

5. Glasur ein paar Minuten fest werden lassen, abgeflossene Glasur in den Topf zurückschütten, bei Bedarf leicht erwärmen und Torte nochmals glasieren. Glasur fest werden lassen und Reste ringsum abschneiden.

Marshmallow-Fondant

Dieser Fondant gelingt leicht und eignet sich zum Überziehen von Torten. Er lässt sich gut verarbeiten und einfärben. Er eignet sich auch gut als Basis zur Herstellung von Modellierfondant. Er ist recht robust, sollte aber in keinem Fall mit feuchten, wasserhaltigen Füllungen (z. B. Sahne, Frischkäse, Pudding, Quark oder Joghurt) in Berührung kommen, da er sich sonst auflöst. Geeignet sind hingegen Cremes mit einem hohen Fettanteil wie z. B. Buttercreme oder Schokoladenganache. Bei Zimmertemperatur ist der Fondant, luftdicht in Folie verpackt, mehrere Monate haltbar.

Zubereitungszeit: ca. 35 Min. und Ruhezeit ca. 26 Std.

Zutaten für ca. 1,1 kg (reicht zum Überziehen von 1 Torte mit 26 cm Durchmesser): Kokosfett, 340 g weiße Marshmallows, 1 EL Glycerin (Apotheke), 750 g Puderzucker, nach Belieben Lebensmittelfarbe in Pastenform

Zubereitung:

1. Eine große, mikrowellengeeignete Schüssel gründlich mit reichlich Kokosfett einfetten. Marshmallows hineingeben und mit 2 Esslöffeln Wasser und Glycerin befeuchten. Puderzucker in eine weitere große Schüssel sieben. Marshmallows ca. 30 Sekunden in der Mikrowelle bei 600 Watt erwärmen. Drei- bis viermal wiederholen, bis die Marshmallows klebrig werden. Dabei jeweils gut umrühren.

2. Leistung auf 400 Watt reduzieren und Marshmallows weitere ca. 10 Sekunden erwärmen. Gut umrühren und wiederholen, bis die Marshmallows zu einer cremig-breiigen Masse geschmolzen sind (nicht karamellisieren!). Nach Belieben mit Lebensmittelfarben einfärben.

3. Hälfte des Puderzuckers in die Marshmallowmasse einrühren. Restlichen Puderzucker mit den Händen (eingefettete Einweghandschuhe tragen) unterkneten. Luftdicht in Folie verpacken und ca. 1–2 Stunden ruhen lassen.

4. Fondant auf einer eingefetteten Arbeitsplatte gründlich kneten, bis er weich, geschmeidig und seidig glänzend ist. Mit etwas Kokosfett einfetten und luftdicht zwischen zwei Lagen Frischhaltefolie in einen Gefrierbeutel verpacken. Vor der Weiterverarbeitung ca. 24 Stunden bei Zimmertemperatur ruhen lassen.

Modellierfondant

Wie der Name schon sagt, dient Modellierfondant zum Modellieren von Figuren, da er härter und stabiler wird als reiner Fondant, auf dessen Basis er hergestellt wird. Da er sehr hart ist und auch nicht gut schmeckt, eignet er sich eher für dreidimensionale Figuren, die nicht gegessen werden. Wer hingegen mehr Wert auf guten Geschmack legt, sollte lieber zu Modellierschokolade oder Marzipan greifen. Für flache, ausgestochene Dekorationen bietet sich eher weicher normaler Fondant an, für filigrane Blütendekorationen ist Blütenpaste besser geeignet. Am besten nach der Ruhezeit sofort verbrauchen, da er selbst luftdicht verpackt nach einigen Tagen spröde wird.

Zubereitungszeit: ca. 15 Min. und Ruhezeit ca. 24 Std. und Trockenzeit je nach Größe der Figuren mehrere Tage

Zutaten für ca. 500 g: 500 g Fondant, nach Belieben Lebensmittelfarbe in Pastenform, 1 TL CMC (Carboxymethylcellulose, aus Apotheke oder Tortenshop)

Zubereitung:

1. Fondant geschmeidig kneten und nach Belieben mit Pastenfarbe einfärben. CMC zugeben und unterkneten, bis sich alles gut vermischt hat und nicht mehr gummiartig ist, sondern beim Auseinanderziehen schnalzend reißt.
2. Ca. 10–24 Stunden luftdicht verpackt ruhen lassen. Gründlich geschmeidig kneten und möglichst sofort restlos weiterverwenden, da der Modellierfondant trotz luftdichter Verpackung nach einigen Tagen spröde wird.
3. Figuren möglichst aus einem Stück formen, da man nichts nahtlos ansetzen kann. Fertige Figuren mehrere Tage an der Luft trocknen.

Blütenpaste

Filigrane, hauchdünne Deko-Elemente wie Zuckerblumen und feine Details an Figuren fertigt man am besten mit Blütenpaste. Denn hiermit erzielt man sehr feine Strukturen. Im Verhältnis 50:50 gemischt, kann man aus Blütenpaste und Rollfondant auch Modellierfondant herstellen. Blütenpaste lässt sich sehr dünn ausrollen und wird sehr hart. Sie eignet sich auch für mithilfe von Silikonformen gestaltete Dekorationen sehr gut. Sie ist zwar essbar, schmeckt aber sehr süß. Für Dekorationen, die gut schmecken sollen, verwendet man daher eher Fondant oder Modellierschokolade. Mit feuchten Cremes sollte sie nicht in Kontakt kommen. Im Kühlschrank hält sich die Blütenpaste, luftdicht in Folie verpackt, bis zu 6 Monate. Vor der Weiterverwendung nochmals geschmeidig kneten.

Zubereitungszeit: ca. 20 Min. und Ruhezeit ca. 24 Std.

Zutaten für 250 g: 1 Eiweiß, 225 g Puderzucker und etwas Puderzucker zum Arbeiten, 3 gestr. TL CMC (Carboxymethylcellulose, aus Apotheke oder Tortenshop), 1 TL Kokosfett, nach Belieben Lebensmittelfarbe in Pastenform

Zubereitung:

1. Eiweiß in einer Rührschüssel mit dem Schneebesen kurz aufschlagen. Mit den Quirlen des Handrührgeräts auf schwächster Stufe weiterschlagen.

2. Puderzucker bis auf 2 Esslöffel nach und nach einrühren. Ca. 2 Minuten auf höchster Stufe weiterschlagen, bis die Masse eine cremige Konsistenz angenommen hat.

3. CMC löffelweise zugeben und einige Sekunden auf höchster Stufe weiterrühren. Arbeitsfläche mit restlichem Puderzucker bestreuen. Hände mit Kokosfett einfetten und Blütenpaste mit dem Puderzucker verkneten, bis die Masse nicht mehr klebt.

4. Zur Kugel formen und in Frischhaltefolie und einen Gefrierbeutel eingepackt mindestens 24 Stunden im Kühlschrank kalt stellen.

5. Mindestens 2 Stunden vor Gebrauch aus dem Kühlschrank nehmen, mit eingefetteten Händen geschmeidig kneten, nach Belieben mit Lebensmittelfarbe einfärben und weiterverarbeiten.

Modellierschokolade

Aus der weichen und gut formbaren Schokomasse lassen sich beispielsweise Figuren oder weniger filigrane Deko-Elemente modellieren. Geeignet ist die Modellierschokolade vor allem für Dekorationen, die mitgegessen werden sollen, da sie nicht zu süß und fast wie normale Schokolade schmeckt. Im Gegensatz zu Fondant und Blütenpaste trocknet sie kaum aus. Sie ist bei Zimmertemperatur einige Monate haltbar und man kann damit auch gut Figuren aus mehreren Teilen nahtlos zusammensetzen. Im festen Zustand ist sie jedoch recht bröckelig, weshalb sie sich nicht für feine, dünne Strukturen eignet. Auch zum Eindecken von Torten ist sie nicht geeignet.

Zubereitungszeit: ca. 15 Min. und Ruhezeit ca. 12 Std.

Zutaten für ca. 300 g: 200 g weiße oder Zartbitterschokolade bzw. -kuvertüre, 75 g Glukosesirup (für weiße Schokolade) bzw. 100 g Glukosesirup (für Zartbitterschokolade), nach Belieben Lebensmittelfarbe in Pastenform

Zubereitung:

1. Schokolade fein hacken und über einem Wasserbad schmelzen lassen. Sirup in einem weiteren Wasserbad auf dieselbe Temperatur erwärmen.
2. Hat sich die Schokolade vollständig aufgelöst, Sirup sowie nach Belieben Lebensmittelfarbe zufügen und langsam verrühren, bis sich Schokolade und Sirup gerade so verbunden haben.
3. Warme Masse auf Frischhaltefolie verteilen und mit Folie abdecken. Einige Stunden, besser über Nacht, im Kühlschrank kalt stellen.
4. Ist die Masse hart geworden, aus dem Kühlschrank nehmen, auf Zimmertemperatur kommen lassen und in kleinen Portionen mit den Händen weich und geschmeidig kneten.
5. Masse zu Deko-Elementen formen und einige Stunden ruhen lassen, damit alles wieder fest wird.

Eiweißspritzglasur (Royal Icing)

Dieser Zuckerguss lässt sich mit einem Spritzbeutel und den jeweils passenden Tüllen präzise auftragen. Auf diese Weise erhält man mit ein wenig Übung filigrane Ornamente, Blüten und Blätter, Bordüren, Schnörkel und Schriftzüge. Zudem eignet sich Royal Icing als Klebstoff, z. B. um eine Figur auf einer Torte oder zwei Torten übereinander zu fixieren. Allerdings ist der Zuckerguss sehr süß, in getrocknetem Zustand sehr zerbrechlich und hat eine harte Konsistenz. Je nach gewünschter Konsistenz kann man die Eiweißspritzglasur jedoch mit Wasser verdünnen: Eine steife Konsistenz eignet sich zum Spritzen von Blumen und Blättern, eine weiche für filigranes Dekor und Begrenzungslinien und eine flüssige Konsistenz, um Flächen zu füllen. Luftdicht verpackt, lässt sich Royal Icing einige Tage im Kühlschrank aufbewahren.

Zubereitungszeit: ca. 15 Min. und Trockenzeit ca. 24 Std.

Zutaten für 1 Portion: 1 Eiweiß, ⅛ TL Salz, 1 TL Zitronensaft, 250 g Puderzucker, ½ TL klarer Glukosesirup, nach Belieben Lebensmittelfarben in Pastenform

Zubereitung:

1. Eiweiß mit Salz und Zitronensaft mit dem Handrührgerät nahezu steif schlagen. Puderzucker esslöffelweise auf niedriger Stufe unterheben. Glukosesirup untermengen.

2. Alles auf höchster Stufe verrühren, bis sich weiche Spitzen bilden. Bei Bedarf Tropfen für Tropfen mit etwas Wasser verdünnen, bis die gewünschte Konsistenz erreicht ist.

3. Nach Belieben mit Lebensmittelfarben einfärben. Auftragen und ca. 24 Stunden trocknen lassen.

Zuckerguss

Um kleinere Deko-Elemente wie z. B. Zuckerstreusel oder -perlen zu befestigen, reicht bereits ein einfacher Zuckerguss. Mit ihm kann man beispielsweise auch eine Zuckerschrift herstellen oder eine Torte glasieren. Er ist schnell hergestellt und vielseitig abwandelbar. So kann man z. B. mit farbigem Fruchtsirup oder Lebensmittelfarben bunte Glasuren zaubern.

Zubereitungszeit: ca. 10 Min.

Zutaten für ca. 250 g (reicht zum Glasieren eines Kastenkuchens oder von 12 Muffins): 250 g Puderzucker, 3–4 EL Flüssigkeit (z. B. Wasser, Milch oder Saft), nach Belieben Lebensmittelfarbe

Zubereitung:

1. Puderzucker sieben und mithilfe eines Schneebesens mit Flüssigkeit und nach Belieben Lebensmittelfarbe glatt rühren.

2. Gebäck sofort damit glasieren, je nach Größe das Gebäckstück dafür direkt aus der Schüssel oder mit einem Löffel mit Zuckerguss übergießen. Alternativ mit einer Gebäckspritze mit Spritzaufsatz oder einem kleinen Gefrierbeutel, von dem man eine Ecke abgeschnitten hat, Verzierungen auftragen.

Zuckerkleber

Zwar lassen sich Dekorationen aus Fondant auch mit Wasser, klarem Alkohol oder Royal Icing befestigen. Um Deko-Elemente wie z. B. Bluten auf Torten zu befestigen oder Figurenteile zusammenzukleben, kann man jedoch auch diesen essbaren Zuckerkleber verwenden. Anders als bei Wasser ist hier auch nicht die Gefahr gegeben, dass die Fondantteile aufweichen. Der Zuckerkleber lässt sich gut auf Vorrat herstellen, ist sehr ergiebig, klebt gut und ist geschmacksneutral. Der Zuckerkleber lässt sich ca. 3 Wochen im Kühlschrank aufbewahren.

Zubereitungszeit: ca. 10 Min. und Ruhezeit ca. 2 Std.

Zutaten für ca. 75 ml: ¼ TL CMC (Carboxymethylcellulose, aus Apotheke oder Tortenshop), 1 kleines Schraubdeckelglas

Zubereitung:

1. 5 Esslöffel Wasser aufkochen und auskühlen lassen. 2 Esslöffel davon abnehmen, mit CMC in ein kleines Schraubdeckelglas geben und sofort gut schütteln.

2. Mit restlichem Wasser auffüllen und ca. 1–2 Stunden ruhen lassen, bis sich die Klümpchen aufgelöst haben. Bei Bedarf mit einem Stäbchen umrühren, bis der Zuckerkleber klümpchenfrei und leicht dickflüssig ist. Ist er zu zähflüssig, mit etwas abgekochtem Wasser verdünnen.

3. Mithilfe eines dünnen Pinsels hauchdünn auftragen, kurz antrocknen lassen und Deko-Elemente aufkleben.

Umrechnungstabelle für verschiedene Backformgrößen

Sie möchten ein Rezept für eine 24-Zentimeter-Springform in einer Kastenform mit 11 x 30 Zentimetern machen? Kein Problem! Denn die entsprechenden Zutatenmengen lassen sich leicht umrechnen. Hilfestellung für runde und eckige Formen in verschiedenen Größen bietet hierbei die folgende Umrechnungstabelle. Wollen Sie z. B. die Zutatenmenge eines Rezepts für eine 28er-auf eine 32er-Springform umrechnen, gehen Sie in der Spalte „28 cm Durchmesser" nach unten bis zur Zeile „32 cm Durchmesser". Sie erhalten den Umrechnungsfaktor 1,3. Dementsprechend müssen Sie die Menge aller im Rezept angegebenen Zutaten jeweils mal 1,3 rechnen. Ganz genau muss es dabei jedoch nicht sein. Sind z. B. im Rezept 2 Eier

Rund	Größe gemäß Rezept (Durchmesser in cm)									
Gewünschte Größe (cm)	12	16	18	20	22	24	26	28	30	32
12	–	0,6	0,4	0,4	0,3	0,3	0,2	0,2	0,2	0,1
16	1,8	–	0,8	0,6	0,5	0,4	0,4	0,3	0,3	0,3
18	2,3	1,3	–	0,8	0,7	0,6	0,5	0,4	0,4	0,3
20	2,8	1,6	1,2	–	0,8	0,7	0,6	0,5	0,4	0,4
22	3,4	1,9	1,5	1,2	–	0,8	0,7	0,6	0,5	0,5
24	4,0	2,3	1,8	1,4	1,2	–	0,9	0,7	0,6	0,6
26	4,7	2,6	2,1	1,7	1,4	1,2	–	0,9	0,8	0,7
28	5,4	3,1	2,4	2,0	1,6	1,4	1,2	–	0,9	0,8
30	6,3	3,5	2,8	2,3	1,9	1,6	1,3	1,1	–	0,9
32	7,1	4,0	3,2	2,6	2,1	1,8	1,5	1,3	1,1	–
11 x 25	1,8	1,0	0,8	0,7	0,5	0,5	0,4	0,3	0,3	0,3
11 x 30	2,2	1,3	1,0	0,8	0,7	0,6	0,5	0,4	0,4	0,3
11 x 35	2,6	1,5	1,2	0,9	0,8	0,7	0,6	0,5	0,4	0,4
26 x 34	7,8	4,4	3,5	2,8	2,3	2,0	1,7	1,4	1,3	1,1
26 x 38	8,7	4,9	3,9	3,1	2,6	2,2	1,9	1,6	1,4	1,2
32 x 36	10,2	5,7	4,5	3,7	3,0	2,5	2,2	1,9	1,6	1,4
34 x 38	11,4	6,4	5,1	4,1	3,4	2,9	2,4	2,1	1,8	1,6

angegeben, können Sie statt 2,6 Eiern auch einfach drei Eier nehmen und die restlichen Zutaten dann ebenfalls mit dem Faktor 1,5 umrechnen. In diesem Fall fällt der Kuchen einfach ein wenig höher aus.
Beachten Sie hierbei jedoch, dass sich durch die Verwendung einer anderen Backform auch die Backzeit verändert. Dabei gilt: Je größer Form und Teigmenge sind, desto länger ist die Backzeit. Behalten Sie daher Ihr Backwerk beim Backen im Auge und machen Sie gegen Backzeitende die Stäbchenprobe: Holzstäbchen in die Kuchenmitte stecken und wieder herausziehen. Bleibt kein Teig mehr am Stäbchen hängen, ist der Kuchen fertig.

Rechteckig	Größe gemäß Rezept (Innenmaße in cm)						
Gewünschte Größe (cm)	11 x 25	11 x 30	11 x 35	26 x 34	26 x 38	32 x 36	34 x 38
12	0,5	0,4	0,4	0,1	0,1	0,1	0,1
16	1,0	0,8	0,7	0,2	0,2	0,2	0,2
18	1,2	1,0	0,9	0,3	0,3	0,2	0,2
20	1,5	1,2	1,1	0,4	0,3	0,3	0,2
22	1,8	1,5	1,3	0,4	0,4	0,3	0,3
24	2,2	1,8	1,5	0,5	0,5	0,4	0,3
26	2,6	2,1	1,8	0,6	0,5	0,5	0,4
28	3,0	2,4	2,1	0,7	0,6	0,5	0,5
30	3,4	2,8	2,4	0,8	0,7	0,6	0,5
32	3,9	3,2	2,7	0,9	0,8	0,7	0,6
11 x 25	–	0,8	0,7	0,2	0,2	0,2	0,2
11 x 30	1,2	–	0,8	0,3	0,3	0,2	0,2
11 x 35	1,4	1,2	–	0,3	0,3	0,3	0,2
26 x 34	4,3	3,5	3,0	–	0,9	0,8	0,7
26 x 38	4,8	3,9	3,3	1,1	–	0,9	0,8
32 x 36	5,6	4,6	3,9	1,3	1,2	–	0,9
34 x 38	6,2	5,1	4,4	1,5	1,3	1,1	–

Jahresfeste

Valentinstagstorte mit Rosen

Für den Teig *(1 Herzform, 26 cm Durchmesser)*
6 Eier, 200 g Zucker, Salz, 180 g Mehl, 1 TL Backpulver, 60 g Speisestärke, 60 g flüssige Butter

Für die Füllung und die Buttercreme
etwas Erdbeermarmelade (ohne Kerne oder Fruchtstücke) zum Bestreichen, 250 g Butter, 150 g Puderzucker, 200 g Doppelrahmfrischkäse (Zimmertemperatur), rote Lebensmittelfarbe

Für die Dekoration
einige Dekoherzen

Zubereitung *ca. 1 Std.* | **Backen** *ca. 30 Min.* | **Ruhezeit** *ca. 2 Std.*

1. Backofen auf 175 °C (Umluft: 155 °C) vorheizen. Herzform mit zugeschnittenen Backpapierstreifen auslegen. Eier, Zucker und 1 Prise Salz ca. 15 Minuten verrühren, bis eine cremige, fast steife Masse entstanden ist. Mehl, Backpulver und Speisestärke vermischen und zur Teigmasse sieben. Flüssige Butter zugeben und alles behutsam mit dem Teigschaber unterheben. Teig in die Form füllen, glatt streichen und ca. 25–30 Minuten backen (Stäbchenprobe machen). Vollständig auskühlen lassen. Zwei- bis dreimal horizontal durchschneiden.

2. Untere Teigböden mit Erdbeermarmelade bestreichen und zusammensetzen. Butter und Puderzucker ca. 5 Minuten cremig aufschlagen. Frischkäse nach und nach einrühren. Torte rundum dünn mit etwas Buttercreme bestreichen.

3. **Für die Dekoration** restliche Buttercreme mit Lebensmittelfarbe rosa einfärben, in einen Spritzbeutel mit Sterntülle (ca. 11 Millimeter) füllen und am Rand Rosen auf die Torte aufspritzen. Ca. 2 Stunden kühl stellen, damit die Rosen fest werden. Mitte der Torte mit Dekoherzen verzieren, kurz ruhen lassen und zimmerwarm servieren.

Osterhasenkuchen

Für den Teig *(1 Springform, 26 cm Durchmesser)*
5 Eier, 250 g Zucker, 2 Pck. Vanillezucker, 250 ml Öl, 250 ml Eierlikör, 150 g Zartbitterschokolade (gehackt), 250 g Mehl, 1 Pck. Backpulver, etwas Fett für die Form

Für die Ganache
1 x Grundrezept Schokoladenganache (siehe S. 45)

Für die Dekoration *(ggf. einige Tage vorher vorbereiten)*
weißer Rollfondant, Modellierfondant (grün, dunkelblau, weiß), Zuckerkleber (siehe Grundrezept S. 59), einige Marzipanmöhren

Zubereitung *ca. 50 Min.* | **Backen** *ca. 1 Std.* | **Ruhezeit** *ca. 4 Std.*

1. Backofen auf 180 °C (Umluft: 160 °C) vorheizen. Eier mit Zucker und Vanillezucker schaumig schlagen. Öl, Eierlikör und Schokolade nach und nach zugeben und unterrühren. Mehl und Backpulver mischen und zugeben. Alles zu einem glatten Teig verarbeiten. Springform mit Butter ausstreichen. Teig in die Form füllen und im vorgeheizten Backofen ca. 1 Stunde backen. Komplett auskühlen lassen. Schokoladenganache nach Grundrezepte (siehe S. 45) zubereiten. Torte damit einstreichen und kühlen.

2. **Für die Dekoration** weißen Rollfondant ausrollen und Kuchen damit eindecken. Den grünen Fondant zu einer langen, dünnen Schlange rollen und unteren Rand des Kuchens damit verzieren. Ebenfalls aus grünem Fondant dünne Schlangen rollen, diese zu Spiralen aufwickeln und an den Seiten des Kuchens befestigen.

3. **Für den Hasen** aus dunkelblauem Fondant eine Kugel für den Kopf, einen ovalen Körper, zwei Arme und zwei Ohren formen. Aus weißem Modellierfondant Schnauze, Füße und Inneres der Ohren gestalten. Einzelteile mit Zuckerkleber zusammenfügen. Kleine Kugel aus dunkelblauem Fondant formen und als Nase auf die Schnauze kleben. Mit einem Zahnstocher Augen eindrücken und Zehen einkerben. Marzipanmöhren nach Bedarf zuschneiden und mit fertig modelliertem Hasen mithilfe von Zuckerkleber auf dem Kuchen befestigen.

Oster-Gugelhupf

Für den Teig *(1 Gugelhupfform)*
4 Eier, 1 Prise Salz, 200 g Puderzucker, 1 Pck. Vanillezucker, Saft und abgeriebene Schale von ½ unbehandelten Zitrone, 1 TL Zimt, 1 Msp. gemahlene Nelken, 200 g Möhren (fein gerieben), 200 g Nussmischung (gemahlen), 1 EL Rum, 100 g Mehl, 1 Pck. Backpulver, etwas Fett für die Form

Für die Dekoration *(ggf. einige Tage vorher vorbereiten)*
Modellierfondant (gelb, rot, weiß, grün), Zuckerkleber (siehe Grundrezept S. 59), schwarze Zuckerschrift, Zuckerguss (siehe Grundrezept S. 58 f.)

Zubereitung *ca. 40 Min.* | **Backen** *ca. 50 Min.* | **Ruhezeit** *ca. 2 Std.*

1. Backofen auf 180 °C (Umluft: 160 °C) vorheizen. Eier trennen. Eiweiße mit Salz steif schlagen. Eigelbe, Puderzucker, Vanillezucker, Zitronensaft und -schale sowie Zimt und Nelken schaumig rühren. Möhren, Nussmischung und Rum untermischen. Mehl und Backpulver mischen und mit dem Eischnee im Wechsel unterrühren.

2. Gugelhupfform einfetten. Teig in die Form füllen und im vorgeheizten Backofen ca. 50 Minuten backen. Etwas auskühlen lassen und vorsichtig aus der Form lösen. Kuchen ca. 2 Stunden komplett auskühlen lassen.

3. Aus gelbem Fondant Küken formen. Aus rotem Fondant kleine Schnäbel, Hahnenkamm und Füße formen. Einzelteile mit Zuckerkleber zusammenkleben. Mit Zuckerschrift Augen auftragen. Aus weißem Fondant mit einem Ausstecher Blütenkelche formen. Kleine Kugeln aus gelbem Fondant in die Mitte der Blütenkelche setzen. Aus dem grünen Fondant mit einer Ausstechform Blätter ausstechen. Drei Erdbeeren aus rotem Fondant formen, kleine Kügelchen aus rotem Fondant formen und mit Zuckerkleber darauf befestigen. Aus grünem Fondant Blätter für die Erdbeeren formen. Alles mit Zuckerkleber zusammenkleben. Aus grünem Fondant eine Unterlage für die Küken formen und Küken mit Zuckerkleber daran befestigen. Dekoration in den Kühlschrank stellen. Zuckerguss nach Grundrezept auf S. 58 f. herstellen und über dem Gugelhupf verteilen. Leicht antrocknen lassen und mit den Deko-Elementen verzieren.

Frühlingstorte

Für den Teig *(1 Springform, 26 cm Durchmesser)*
1 x Grundrezept Biskuitteig (siehe S. 36)

Für die Ganache
1 x Grundrezept Schokoladenganache (siehe S. 45)

Für die Dekoration *(ggf. einige Tage vorher vorbereiten)*
grüner Rollfondant, Modellierfondant (gelb, hellgrün, dunkelgrün), 1 x Grundrezept Swiss-Meringue-Buttercreme (siehe S. 42 f.), mit grüner Lebensmittelfarbe eingefärbt, Zuckerkleber (siehe Grundrezept S. 59), hellgrünes Satinband

Zubereitung *ca. 1 Std. 20 Min.* | **Backen** *ca. 50 Min.* | **Ruhezeit** *ca. 20 Std.*

1. Biskuitboden nach dem Grundrezept auf S. 36 herstellen und komplett auskühlen lassen. Schokoladenganache nach dem Grundrezept auf S. 45 zubereiten und über Nacht kühl stellen. Biskuitboden in drei Scheiben schneiden. Unteren Boden dick mit Ganache bestreichen, mittleren Teigboden daraufsetzen. Diesen ebenfalls mit Ganache bestreichen und den obersten Tortenboden daraufsetzen. Die komplette Frühlingstorte dünn mit Ganache bestreichen und kühlen.

2. **Für die Dekoration** grünen Rollfondant dünn ausrollen und Torte damit eindecken. Gelben Modellierfondant gut durchkneten und dünn ausrollen. Blütenblätter ausschneiden oder ausstechen und zu einer Tulpe formen. In den Kühlschrank stellen. Aus gelbem, hellgrünem und dunkelgrünem Modellierfondant längere Schlangen formen und farblich abwechselnd an der Tortenseite mit Zuckerkleber so befestigen, dass die Enden über den Rand reichen und in die Tortenmitte zeigen. Grüne Buttercreme in einen Spritzbeutel füllen und so am oberen Rand der Torte verteilen, dass die Enden der seitlichen Deko-Elemente bedeckt sind.

3. Tulpen in die Tortenmitte setzen und mit Zuckerkleber befestigen. Dunkelgrünen Fondant dünn ausrollen. 4 große Blätter daraus formen und mit Zuckerkleber am Tortenrand befestigen. Satinband locker um die Torte wickeln und zur Schleife binden.

Red-Velvet-Monstertorte zu Halloween

Für den Teig *(1 Springform, 26 cm Durchmesser)*
3 Eier, 300 g Zucker, 1 Pck. Vanillezucker, 1 TL rote Lebensmittelfarbe in Pastenform, 280 ml Buttermilch, 300 ml neutrales Speiseöl, 340 g Mehl, 2 TL Backpulver, 1 TL Natron, 1 EL Kakaopulver, 1 Prise Salz

Für die Creme
1 x Grundrezept Swiss-Meringue-Buttercreme (siehe S. 42 f.), grüne Lebensmittelfarbe

Für die Dekoration *(ggf. einige Tage vorher vorbereiten)*
Modellierfondant (weiß, grün), etwas Zuckerkleber (siehe Grundrezept S. 59), 200 g Zartbitterkuvertüre

Zubereitung *ca. 1 Std.* | **Backen** *ca. 50 Min.* | **Ruhezeit** *ca. 2 Std.*

1. Backofen auf 180°C (Umluft: 160 °C) vorheizen. Backform mit Backpapier auslegen. Eier mit Zucker und Vanillezucker schaumig rühren. Lebensmittelfarbe zufügen. In der zweiten Schüssel Buttermilch und Öl sorgfältig verrühren. In einer dritten Schüssel Mehl, Backpulver, Natron, Kakao und Salz miteinander vermischen.

2. Mehlmischung und Buttermilch-Öl-Mischung nacheinander unter Rühren zur Eier-Zucker-Mischung geben, sodass ein bordeauxroter Teig entsteht. Eventuell noch etwas Lebensmittelfarbe zufügen. Teig in die Form füllen, glatt streichen und im vorgeheizten Backofen ca. 50 Minuten backen (Stäbchenprobe machen). Vollständig auskühlen lassen.

3. **Buttercreme** nach Grundrezept auf S. 42 f. herstellen und dabei mit grüner Lebensmittelfarbe einfärben. Torte in drei gleich dicke Scheiben schneiden. Unteren Tortenboden mit Buttercreme bestreichen, mittleren Tortenboden daraufsetzen. Diesen wiederum mit Buttercreme bestreichen und obersten Tortenboden daraufsetzen. Torte rundum mit Buttercreme einstreichen und ca. 1 Stunde kühlen.

Fortsetzung folgende Seite ...

... Fortsetzung Red-Velvet-Monstertorte zu Halloween

4. **Für die Dekoration** aus weißem Fondant zwei linsenförmige Augen formen und diese mit Zuckerkleber (siehe Grundrezept S. 59) auf der Seite der Torte anbringen. Aus grünem Modellierfondant eine kleine Kugel formen und diese als Nase unter den Augen ebenfalls mit Zuckerkleber befestigen.

5. Zartbitter-Kuvertüre im Wasserbad schmelzen. Reichlich Kuvertüre auf die Oberseite der Torte streichen und teilweise über den Tortenrand laufen lassen. Etwas Kuvertüre in einen kleinen Spritzbeutel füllen und die Pupillen der Augen sowie einen Mund aufspritzen.

BUTTERCREME-VARIANTEN

Je nach Geschmack lässt sich das Rezept für die Buttercreme beliebig variieren. Geben Sie z. B. zusammen mit dem Zucker etwas Vanilleextrakt oder -zucker hinzu. Wer es hingegen etwas schokoladiger mag, rührt zum Schluss noch ca. 150 Gramm geschmolzene, leicht abgekühlte Schokolade oder Nugat unter die Creme (bei Bedarf mit etwas Milch verdünnen). Kaffeefans verrühren 2–3 Teelöffel Instant-Kaffee mit möglichst wenig heißem Wasser zu einem dickflüssigen Brei und schmecken die fertige Creme damit ab. Auch fein gemahlene Nüsse können nach Geschmack zugegeben werden. Oder man wechselt beim Einstreichen der Tortenscheiben zwischen einer Schicht aus Buttercreme und einer aus Marmelade nach Geschmack ab.

RIP
RIP

Halloween-Friedhofskuchen

Für den Teig *(1 Backblech)*
250 g Butter und etwas Fett für das Backblech, 250 g Zartbitter-Schokolade, 6 Eier, 200 g Zucker, 250 g Mandeln (gemahlen), 100 g Mehl

Für die Ganache
½ x Grundrezept Zartbitterganache

Für die Dekoration *(ggf. einige Tage vorher vorbereiten)*
etwas Zartbitterkuvertüre, ovale Kekse, Schokostäbchen

Zubereitung *ca. 1 Std.* | **Backen** *ca. 15 Min.* | **Ruhezeit** *ca. 4 Std.*

1. Backofen auf 180°C (Umluft: 160 °C) vorheizen. Backblech einfetten. Butter und Schokolade in einem kleinen Topf bei geringer Hitze schmelzen und etwas abkühlen lassen. Eier ca. 4 Minuten verschlagen. Zucker zufügen und verrühren. Abgekühlte Butter-Schokoladen-Masse zufügen und verrühren. Mandeln und Mehl unterrühren.

2. Teig auf das Backblech geben, glatt streichen und im vorgeheizten Backofen ca. 15 Minuten backen. Kurz abkühlen lassen. Für die Dekoration einen ca. 5 Zentimeter schmalen Streifen abschneiden und beiseitestellen. Kuchen vollständig auskühlen lassen.

3. **Zartbitterganache** nach dem Grundrezept auf S. 45 herstellen. Abgekühlten Kuchen mit Schokoladenganache einstreichen.

4. **Für die Dekoration** Zartbitterkuvertüre im Wasserbad schmelzen. Etwas Kuvertüre in einen kleinen Spritzbeutel füllen und Kekse damit nach Belieben beschriften. Kekse als Grabsteine in den Kuchen stecken. Beiseitegestelltes Kuchenstück fein zerbröseln und als „Erde" vor die Grabsteine anhäufen. Schokostäbchen in unterschiedliche Längen brechen und als Zaun am Kuchenrand befestigen. Hierfür Schokostäbchen fest in die Ganache drücken.

RIP
RIP
RIP
RIP
RIP
RIP

Weihnachtstorte

Für den Teig *(1 Springform, 24 cm Durchmesser)*
6 Eier, 200 g Zucker, 225 g Nussmischung (gemahlen), 110 g Mehl, 2 TL Backpulver, 100 g Schokoraspel

Für die Füllung
450 ml Milch, 1 Pck. Vanillepuddingpulver, 2 EL Zucker, 250 g Butter, 1 EL Zimt, 250 g Aprikosenkonfitüre

Für die Dekoration *(ggf. einige Tage vorher vorbereiten)*
roter Rollfondant, Modellierfondant (rot, hellgrün, dunkelgrün, weiß, gelb, hautfarben, schwarz, blau, pink), Zuckerkleber (siehe Grundrezept S. 59), schwarze Zuckerschrift, Zuckerstreusel

Zubereitung *ca. 1 Std. 30 Min.* | **Backen** *ca. 45 Min.* | **Ruhezeit** *ca. 1 Std.*

1. Backofen auf 190 °C (Umluft: 170 °C) vorheizen. Eier und Zucker mit 4 Esslöffeln heißem Wasser schaumig schlagen. Nussmischung, Mehl, Backpulver und Schokoraspel zufügen und gut verrühren.

2. Backform einfetten. Teig hineingeben und im vorgeheizten Backofen ca. 35–45 Minuten backen (Stäbchenprobe machen). Vollständig auskühlen lassen. Torte in drei gleich dicke Scheiben schneiden.

3. **Für die Füllung** aus Milch, Puddingpulver und Zucker nach Packungsanweisung Pudding kochen und unter gelegentlichem Rühren abkühlen lassen. Butter mit Zimt schaumig rühren und unter den abgekühlten Pudding rühren.

4. Konfitüre leicht erwärmen. Unteren Tortenboden mit Konfitüre bestreichen, mittleren Tortenboden daraufsetzen. Diesen mit der Hälfte der Puddingcreme bestreichen und obersten Tortenboden daraufsetzen. Mit restlicher Creme bestreichen. Torte ca. 1 Stunde kühl stellen.

Fortsetzung folgende Seite …

MERRY X'MAS

... Fortsetzung Weihnachtstorte

5. **Für die Dekoration** roten Rollfondant kräftig durchkneten und dünn ausrollen. Torte damit eindecken und sorgfältig glatt streichen. Dunkelgrünen Fondant durchkneten, ausrollen und einen ca. 3 Zentimeter breiten Streifen ausschneiden. Streifen ringsum am unteren Rand der Torte mit Zuckerkleber befestigen.

6. Hellgrünen und weißen Fondant durchkneten, ausrollen und kleine weihnachtliche Motive wie Tannenbäume und Sterne ausstechen. Motive mit Zuckerkleber auf der Torte anbringen. Aus weißem Fondant ein Band formen, Enden zu Spitzen schneiden und Band auf der Torte mit Zuckerkleber befestigen. Mit Zuckerschrift beschriften.

7. **Weihnachtsmann:** Aus rotem Modellierfondant Körper, Arme und Mütze formen. Aus hautfarbenem Fondant Kopf formen. Aus schwarzem Fondant Gürtel und Stiefel formen. Aus weißem Fondant Bart, Schnurrbart, Hände und Details für die Mütze modellieren. Gürtelschnalle aus gelbem Fondant formen. Einzelteile des Weihnachtsmanns mit Zuckerkleber zusammenfügen. Augen mit schwarzer Zuckerschrift aufmalen. Figur mit einem Zahnstocher auf der Torte fixieren.

8. **Tannenbaum:** Hellgrünen Fondant gut durchkneten und zu einem Kegel formen. Eine dünnere lange Schlange aus grünem Fondant rollen und spiralförmig herumlegen. Oben einen spitz zulaufenden Kegel formen, der die Spitze des Tannenbaums bildet. Tannenbaum mit ausgestochenen Weihnachtsmotiven wie z. B. Sternen, Girlanden und Kugeln aus Fondant sowie Zuckerstreuseln dekorieren. Details mit Zuckerkleber befestigen und Tannenbaum mit einem Zahnstocher auf der Torte fixieren.

9. **Geschenk:** Blauen Fondant durchkneten und zu einem Würfel formen. Pinkfarbenen Fondant durchkneten, ausrollen und ein dünnes Band ausschneiden. Blauen Fondantwürfel mit dem pinkfarbenen Band wie bei einem Geschenk umwickeln. Eine kleine Schleife formen und auf das Geschenk setzen. Geschenk mit Zuckerkleber zwischen Weihnachtsmann und Tannenbaum setzen.

MERRY X'MAS

Weihnachtsbaumkuchen

Für den Teig *(1 Backblech)*

300 g Zucker, 1 Pck. Vanillezucker, 150 g Butter, 4 Eier, 350 g Mehl, 1 Pck. Backpulver, 250 ml Milch, 100 g Mandeln (gemahlen), 3 EL Honig, 2 TL Lebkuchengewürz, 1 TL Nelkenpulver

Für die Dekoration

grüne Glasurlinsen, bunte Zuckerstreusel

Zubereitung *ca. 40 Min.* | **Backen** *ca. 20 Min.*

1. Backofen auf 180 °C (Umluft: 160 °C) vorheizen. Backblech mit Backpapier belegen. Zucker, Vanillezucker und Butter gut miteinander verrühren. Eier zufügen und einrühren. Mehl und Backpulver mischen und mit Milch im Wechsel zufügen. Alles zu einem cremigen Teig verrühren. Mandeln, Honig und Gewürze zugeben und alles gut verrühren.

2. Teig auf das Backblech geben, glatt streichen und im vorgeheizten Backofen ca. 20 Minuten backen (Stäbchenprobe machen). Kuchen komplett auskühlen lassen. In Form eines Tannenbaums zuschneiden.

3. **Für die Dekoration** grüne Glasurlinsen im Wasserbad schmelzen lassen und Glasur mit einem Löffel in Streifen auf dem Kuchen auftragen. Weihnachtsbaumkuchen mit Zuckerstreuseln dekorieren.

Tipp Glasurlinsen (Candy Melts) gibt es z. B. in Online-Backshops zu kaufen. Statt grüner Glasurlinsen können Sie aber auch Zuckerguss verwenden (siehe Grundrezept S. 58 f.) und diesen mit grüner Lebensmittelfarbe einfärben.

Bûche de Noël

Für den Teig *(1 Backblech)*

4 Eier, 160 g Zucker und etwas Zucker zum Arbeiten, 200 g Mehl, 1 TL Backpulver

Für die Füllung

100 g Zartbitterschokolade, 50 g Vollmilchschokolade, 150 g Butter, 100 g Zucker, 1 TL Instant-Kaffeepulver

Für die Dekoration

Puderzucker zum Bestäuben

Zubereitung *ca. 45 Min.* | **Backen** *ca. 15 Min.*

1. Backofen auf 200 °C (Umluft: 180 °C) vorheizen. Backblech mit Backpapier auslegen. Eier trennen. Eiweiße steif schlagen. Eigelbe mit Zucker schaumig rühren. Mehl und Backpulver mischen und esslöffelweise zur Eigelb-Zucker-Masse zufügen. Gut verrühren. Eischnee vorsichtig unterheben.

2. Teig auf das Backblech geben, glatt streichen und im vorgeheizten Backofen ca. 12–15 Minuten backen. Ein Küchentuch mit Zucker bestreuen und den Boden noch heiß mit dem Backpapier nach oben auf das Küchentuch legen. Backpapier vorsichtig abziehen. Den Boden mitsamt dem Küchentuch aufrollen und auskühlen lassen.

3. **Für die Füllung** Schokolade im Wasserbad schmelzen lassen. Butter mit Zucker schaumig rühren. Geschmolzene Schokolade und Kaffeepulver zufügen und alles gut verrühren. Creme kühl stellen, bis sie streichfähig ist.

4. Boden mit dem Küchentuch entrollen und mit der Hälfte der Creme bestreichen. Boden wieder aufrollen. Ein Endstück der Rolle ca. 3–4 Zentimeter schräg abschneiden, Schnittseite mit Creme bestreichen und Endstück außen an der Rolle festdrücken. Restliche Creme auf dem Kuchen verteilen und mit einer Gabel rindenartige Rillen hineinziehen. Bis zum Servieren kalt stellen. Vor dem Servieren mit Puderzucker als „Schnee“ bestäuben.

Besondere Anlässe

Konfetti-Geburtstagstorte

Für den Teig *(1 Springform, 22 cm Durchmesser)*
120 g zimmerwarme Butter und etwas Fett für die Form, 330 g Mehl, 1 TL Backpulver, 1 TL Salz, 250 g Zucker, 120 ml Öl, 5 große Eier, 1 EL Vanilleextrakt, 240 ml Milch

Für die Buttercreme
375 g zimmerwarme Butter, 1 Prise Salz, 2 TL Vanilleextrakt, 390 g Puderzucker, 60 ml Milch

Für die Dekoration
Konfetti-Streudekor, Geburtstagskerzen

Zubereitung *ca. 30 Min.* | **Backen** *ca. 40 Min.*

1. Backofen auf 175 °C (Umluft: 155 °C) vorheizen. Zwei Springformen (22 Zentimeter Durchmesser) einfetten. Mehl, Backpulver und Salz mischen. Butter, Zucker und Öl ca. 5 Minuten mit der Küchenmaschine oder dem Handrührgerät schaumig rühren. Eier und Vanilleextrakt zugeben. Mehlmischung und Milch abwechselnd zufügen und alles zu einem glatten Teig verarbeiten.

2. Teig gleichmäßig in die Backformen füllen und glatt streichen. Im vorgeheizten Backofen jeweils ca. 35–40 Minuten backen. Aus dem Ofen nehmen und ca. 10 Minuten in den Formen abkühlen lassen. Herausnehmen und vollständig auskühlen lassen.

3. **Für die Buttercreme** Butter, Salz und Vanilleextrakt ca. 5 Minuten luftig aufschlagen. Esslöffelweise gesiebten Puderzucker zufügen und abwechselnd mit etwas Milch unter Rühren mindestens 10 Minuten zu einer streichfähigen Creme aufschlagen. Unteren Tortenboden mit Creme bestreichen und oberen Tortenboden daraufsetzen.

4. **Für die Dekoration** Torte rundum mit Creme bestreichen und mit Konfetti-Streudekor und Geburtstagskerzen verzieren.

Geschenk-Torte

Für den Teig *(2 Backbleche)*
8 Eier, 250 g Zucker und etwas Zucker zum Bestreuen, 2 Prisen Salz, 2 Beutel Götterspeisepulver, Himbeergeschmack (à 12,5 g), 150 g Mehl, 2 TL Backpulver, 150 g Speisestärke

Für die Schokoladenbuttercreme
400 g Zartbitterschokolade, 300 g Sahne, 200 g weiche Butter, 180 g Puderzucker (nach Geschmack), etwas Vanille (aus der Mühle), 6 EL Kakaopulver, nach Bedarf etwas Milch

Für die Dekoration *(ggf. einige Tage vorher vorbereiten)*
300 g Puderzucker und etwas Puderzucker für die Arbeitsfläche, 300 g Marshmallows, Rollfondant (braun), Zuckerkleber (siehe Grundrezept S. 59), Tortendübel, Tortenpappe, Eiweißspritzglasur (siehe Grundrezept S. 56), 100 g braune Blütenpaste (siehe Grundrezept S. 52 f.)

Zubereitung *ca. 1 Std. 40 Min.* | **Backen** *ca. 30 Min.* | **Ruhezeit** *ca. 2 Std.*

1. Backofen auf 200 °C (Umluft: 180 °C) vorheizen. Backblech mit Backpapier auslegen. 4 Eier trennen. Eiweiße mit 4 Esslöffeln kaltem Wasser steif schlagen. 125 Gramm Zucker und 1 Prise Salz einrieseln lassen und zu steifem Schnee schlagen. Eigelbe nacheinander unterrühren. 1 Beutel Götterspeisenpulver zufügen und ebenfalls unterrühren. 75 Gramm Mehl, 1 Teelöffel Backpulver und 75 Gramm Speisestärke mischen, zur Eiermasse sieben und vorsichtig unterheben.

2. Biskuitteig auf das vorbereitete Backpapier streichen und im vorgeheizten Backofen ca. 10–12 Minuten backen. Ein Küchentuch mit 1–2 Esslöffeln Zucker bestreuen und Boden noch heiß mit dem Backpapier nach oben auf das Küchentuch legen. Backpapier vorsichtig abziehen und Biskuit auskühlen lassen. Zweite Biskuitplatte ebenso zubereiten und auskühlen lassen. Aus den Biskuitböden 3 Quadrate à 19 x 19 Zentimeter und 3 Quadrate à 12 x 12 Zentimeter ausschneiden.

Fortsetzung folgende Seite ...

... Fortsetzung Geschenk-Torte

3. **Für die Schokoladenbuttercreme** Schokolade fein hacken. Sahne aufkochen und Schokolade damit übergießen. Einige Minuten ruhen lassen und mit dem Schneebesen von der Mitte nach außen zu einer cremigen Masse verrühren. Ca. 20–30 Minuten abkühlen lassen. Butter, Puderzucker, Vanille und Kakaopulver mit dem Handrührgerät auf niedriger Stufe verrühren und auf höherer Stufe cremig aufschlagen. Schokoladenmasse unter ständigem Rühren zugeben und einige Minuten hell und luftig aufschlagen. Ist die Buttercreme zu weich, etwas kühlen, ist sie zu fest, etwas Milch zugeben.

4. Unteren großen Tortenboden auf eine Tortenplatte setzen und mit Creme bestreichen. Mittleren großen Tortenboden daraufsetzen. Ebenfalls mit Creme bestreichen und obersten großen Tortenboden daraufsetzen. Mit den kleineren Tortenböden ebenso verfahren. Beide Torten rundum mit etwas Buttercreme einstreichen und ca. 30 Minuten kalt stellen.

5. **Für den Rollfondant** 300 Gramm Puderzucker sieben. Marshmallows mit 3 Esslöffeln Wasser in eine mikrowellengeeignete Schüssel geben. In der Mikrowelle bei 600 Watt ca. 2 ½ Minuten schmelzen lassen. Nach und nach Puderzucker unterrühren und zu einer glatten, geschmeidigen Fondantmasse verkneten.

6. Arbeitsfläche mit Puderzucker bestäuben. Fondant zu einer dünnen quadratischen Platte ausrollen. Größere Torte damit eindecken. Überstehenden Fondant abschneiden und gut durchkneten. Zu einer dünnen, quadratischen Platte ausrollen. Kleinere Torte damit eindecken, überstehenden Fondant abschneiden. Aus braunem Fondant Streifen ausschneiden und mit Zuckerkleber auf den Torten fixieren. Größere Torte im Bereich, in dem die kleinere Torte aufgesetzt wird, mit Tortendübeln versehen. Tortenpappe mit Eiweißspritzglasur auf der unteren Torte befestigen und kleinere Torte schräg auf die große Torte setzen. Restliche Schokoladenbuttercreme in einen Spritzbeutel mit Sterntülle füllen und obere und untere Tortenränder mit Buttercremetupfen verzieren.

7. **Für die Schleife** Blütenpaste gut durchkneten, nicht zu dünn ausrollen und ca. 10 Streifen (à 2 x 8 Zentimeter) ausschneiden. Streifenenden mit etwas Wasser einpinseln und so zusammendrücken, dass eine Schlaufe entsteht. Mit den restlichen Streifen ebenso verfahren. Alle Schlaufen zum Trocknen kühl stellen. Schlaufen kreisförmig zu einer Schleife anordnen und mit etwas Wasser andrücken. Ca. 1 Stunde kühl stellen und mit Zuckerkleber auf der Torte fixieren.

Kommunionstorte

Für den großen Boden *(2 Springformen, 26 cm Durchmesser)*
450 g weiche Butter, 420 g Zucker, 9 Eier, 75 ml Buttermilch, 330 g Mehl, 3 TL Backpulver, 150 g Speisestärke

Für den kleinen Boden *(2 Springformen, 18 cm Durchmesser)*
300 g weiche Butter, 280 g Zucker, 6 Eier, 50 ml Buttermilch, 220 g Mehl, 2 TL Backpulver, 100 g Speisestärke

Für die Creme
1 kg Mascarpone, 750 g Magerquark, 200 g Zucker, 4 Pck. Vanillezucker, 6–7 EL Limettensaft

Für die Ganache
200 g Sahne, 600 g weiße Schokolade

Für die Dekoration *(ggf. einige Tage vorher vorbereiten)*
Rollfondant (weiß), Tortendübel, Tortenpappe, rosa Dekoband, Spitzenbordüre oder essbare Spitze, Zuckerkleber (siehe Grundrezept S. 59), Modellierfondant (weiß, hautfarben, rosa, pink, orangegelb und schwarz), Silikonform für Rosen, Zuckerperlen

Zubereitung *ca. 1 Std. 20 Min.* | **Backen** *ca. 1 Std. 40 Min.* | **Ruhezeit** *ca. 12 Std.*

1. Backofen auf 170 °C (Umluft: 150 °C) vorheizen. Für die Böden jeweils Butter und Zucker schaumig rühren. Nach und nach Eier und Buttermilch zugeben und verrühren. Mehl, Backpulver und Speisestärke mischen und unterrühren.

2. Vier Springformen (2 x 26 Zentimeter Durchmesser, 2 x 18 Zentimeter Durchmesser) mit Backpapier auslegen. Teige jeweils in die Springformen geben und glatt streichen. Im vorgeheizten Backofen jeweils ca. 25 Minuten backen. Böden etwas abkühlen lassen und aus der Form lösen.

Fortsetzung folgende Seite ...

... Fortsetzung Kommunionstorte

3. **Für die Creme** Mascarpone, Quark, Zucker, Vanillezucker und Limettensaft verrühren. Unteren großen Tortenboden dick mit Creme bestreichen. Zweiten großen Tortenboden daraufsetzen. Mit den kleineren Tortenböden ebenso verfahren. Kalt stellen.

4. **Für die Ganache** Sahne in einem Topf aufkochen. Schokolade in kleine Stücke brechen, in eine Schüssel geben und mit heißer Sahne übergießen. Ca. 2–3 Minuten ruhen lassen. Umrühren und Ganache mit einem Stabmixer verrühren. Über Nacht kühl stellen.

5. Ganache durchrühren und Torten rundum damit überziehen. Weißen Rollfondant dünn ausrollen und Torten damit eindecken. Überstehenden Fondant abschneiden. Untere Torte in dem Bereich, in dem die obere Torte aufliegen soll, mit Tortendübeln versehen. Tortenpappe mit etwas Ganache an der unteren Torte befestigen und obere Torte daraufsetzen.

6. **Für die Dekoration** Torten an den unteren Rändern mit Dekoband verzieren. Spitzenbordüre oder essbare Spitze mit Zuckerkleber auf der Torte befestigen. Blumen aus rosa, pinkfarbenem und orangegelbem Fondant mithilfe von Rosensilikonformen herstellen. Torte mit Zuckerperlen verzieren. Figur aus weißem, schwarzem, orangegelbem, rosa- und hautfarbenem Fondant herstellen und Details mit Zuckerkleber befestigen. Blumen und Figur mit Zuckerkleber auf der Torte festkleben.

TORTEN STAPELN

Zunächst wird jeder Kuchen eingestrichen und mit Fondant eingedeckt. Jeder Kuchen wird dann auf einem Cake Board platziert. In dem Bereich, in dem der obere Kuchen aufgesetzt wird, wird der untere Kuchen mit senkrecht hineingesteckten Tortendübeln in passender Anzahl verstärkt (z. B. Trinkhalme, dickere Holzstäbe). Die Tortendübel schneidet man bündig zur Oberfläche ab. Darauf kommt eine Schicht aus Ganache, Buttercreme oder Eiweißspritzglasur, auf der der obere Kuchen auf seiner Tortenpappe fixiert wird.

Tauftorte

Für die Ganache
800 g Sahne, 1,2 kg Schokolade

Für den großen Boden *(1 Springform, 28 cm Durchmesser)*
200 g Vollmilchschokolade, 8 Eier, 190 g Zucker, 160 ml Sonnenblumenöl, 170 g Mehl, 2 TL Backpulver, 4 TL Kakao

Für den kleinen Boden *(1 Springform, 18 cm Durchmesser)*
100 g Vollmilchschokolade, 4 Eier, 95 g Zucker, 80 ml Sonnenblumenöl, 85 g Mehl, 1 TL Backpulver, 2 TL Kakao

Für die Dekoration *(ggf. einige Tage vorher vorbereiten)*
18 g Gelatine, 40 g Traubenzucker, 1,5 kg Puderzucker, 180 g Palmfett, rosa Lebensmittelfarbe in Pastenform, Tortendübel, Tortenpappe, Zuckerkleber (siehe Grundrezept S. 59)

Zubereitung *ca. 1 Std. 45 Min.* | **Backen** *ca. 40 Min.*
Ruhezeit *ca. 2 Std. 10 Min.*

1. **Für die Ganache** Sahne in einem Topf aufkochen lassen. Schokolade in kleine Stücke brechen, in eine Schüssel geben und mit heißer Sahne übergießen. Ca. 2–3 Minuten ruhen lassen. Umrühren und Ganache mit dem Stabmixer glatt rühren. Ca. 2 Stunden kalt stellen.

2. Backofen auf 200 °C (Umluft: 180 °C) vorheizen. Für die Teigböden jeweils Schokolade schmelzen und etwas abkühlen lassen. Eier und Zucker schaumig rühren. Öl nach und nach zugeben und alles verrühren. Mehl, Backpulver und Kakao mischen und unterrühren. Noch flüssige Schokolade ebenfalls unterrühren.

3. Springformen mit Backpapier auslegen. Teige in die Springformen füllen und glatt streichen. Im vorgeheizten Backofen ca. 40 Minuten backen (Stäbchenprobe machen). Böden etwas abkühlen lassen und aus der Form lösen.

Fortsetzung folgende Seite …

LAURA

... Fortsetzung Tauftorte

4. **Für den Fondant** gemahlene Gelatine mit 12 Esslöffeln Wasser verrühren und ca. 10 Minuten quellen lassen. Kurz in der Mikrowelle erhitzen (nicht kochen!). Traubenzucker mit 40 Millilitern heißem Wasser vermischen und mit der Gelatinemischung verrühren. Nach und nach 500 Gramm Puderzucker unterrühren. Palmfett schmelzen lassen und ebenfalls untermischen. Nach und nach restlichen Puderzucker unterrühren bzw. -kneten, bis eine feste knetbare Masse entsteht. Einen Teil des Fondants mit Lebensmittelpaste rosa einfärben. Fondant portionsweise in Frischhaltefolie wickeln und kalt stellen.

5. Tortenböden jeweils horizontal in drei gleich dicke Scheiben schneiden. Ganache mit dem Handrührgerät aufschlagen und kurz durchrühren. Unteren großen Tortenboden mit Ganache bestreichen, mittleren großen Tortenboden daraufsetzen. Diesen ebenfalls mit Ganache bestreichen und obersten großen Tortenboden daraufsetzen. Mit den kleineren Tortenböden ebenso verfahren. Torten rundum dünn mit Ganache bestreichen und kühl stellen.

6. **Für die Dekoration** weißen Fondant dünn ausrollen und größere Torte damit eindecken. Überstehenden Fondant abschneiden. Rosa Fondant dünn ausrollen und kleinere Torte damit eindecken. Überstehenden Fondant abschneiden. Untere Torte in dem Bereich, auf dem die obere Torte aufliegen soll, mit Tortendübeln versehen. Tortenpappe mit restlicher Ganache auf der unteren Torte befestigen und obere Torte daraufsetzen.

7. Babyschuhe aus rosa Fondant formen. Blütenverzierung aus weißem Fondant gestalten und mit Zuckerkleber an den Schuhen befestigen. Aus weißem und rosa Fondant Bänder, Schleifen, Blumen und Buchstaben formen und mit Zuckerkleber auf der Torte befestigen.

Tipp Diese Torte ist nicht nur bei Tauffesten, sondern auch bei Babyshower-Partys (siehe S. 11 f.) ein richtiger Hingucker. Bei einem Jungen werden die Details einfach mit hellblauem Fondant gestaltet. Auch die Motive können variieren. Weitere beliebte Motive sind z. B. Engel, Teddybären und Kinderwiegen. Wer es sich leicht machen will, greift beim Formen der Blüten zu Ausstechern. Für einige beliebte Motive, z. B. schlafende Babys, gibt es auch Silikonformen, die das Arbeiten mit dem Fondant erleichtern.

LAURA

Hochzeitstorte „Ringkissen"

Für den Teig *(2 viereckige Backformen, 24 x 24 cm)*
12 Eier, 600 g Zucker, 600 ml Sonnenblumenöl und etwas Fett für die Form, 600 ml Milch, 900 g Mehl, 3 Pck. Backpulver

Für die Orangenbuttercreme
200 g weiche Butter, 100 g Puderzucker, 1 Pck. Orangenaroma

Für die Dekoration *(ggf. einige Tage vorher vorbereiten)*
Rollfondant (hellblau), Tortendübel, Tortenpappe, Zuckerperlen, Zuckerkleber (siehe Grundrezept S. 59), Dekormasse für Bordüren, hellblaue Lebensmittelfarbe, Silikonform für Bordüren, Tortenaufsatz mit weißen Blumen

Zubereitung *ca. 1 Std. 30 Min.* | **Backen** *ca. 1 Std. 50 Min.*
Ruhezeit *ca. 30 Min.*

1. Backofen auf 165 °C (Umluft: 145 °C) vorheizen. Backformen mit Butter ausstreichen. Hälfe der Eier mit Hälfe des Zuckers cremig rühren. Hälfte des Öls und der Milch unterrühren. Hälfte des Mehls und des Backpulvers mischen, zufügen und alles zu einem glatten Teig verarbeiten. Teig für den zweiten Tortenteil mit den restlichen Teigzutaten ebenso herstellen.

2. Teige in gefettete Backformen füllen und glatt streichen. Im vorgeheizten Backofen jeweils ca. 45–55 Minuten backen (Stäbchenprobe machen). Böden auskühlen lassen. Für die Orangenbuttercreme Butter und Puderzucker in der Küchenmaschine oder mit dem Handrührgerät cremig weiß rühren. Orangenaroma unterrühren.

3. Tortenböden jeweils horizontal in drei gleich dicke Scheiben schneiden und mit einem scharfen Messer in Kissenform zurechtschneiden. Ein Kissen sollte dabei etwas kleiner als das andere sein. Unteren großen Tortenboden mit Buttercreme bestreichen, mittleren großen

Fortsetzung folgende Seite …

... Fortsetzung Hochzeitstorte „Ringkissen"

Tortenboden daraufsetzen. Diesen ebenfalls mit Buttercreme bestreichen und den obersten großen Tortenboden daraufsetzen. Mit den kleineren Tortenböden ebenso verfahren. Torten rundum dünn mit Buttercreme bestreichen und ca. 30 Minuten kalt stellen.

4. **Für die Dekoration** Fondant dünn ausrollen und Torten damit eindecken. Überstehenden Fondant abschneiden. Unteren Tortenteil in dem Bereich, auf den der obere Teil kommt, mit Tortendübeln versehen. Tortenpappe mit etwas Buttercreme auf dem unteren Teil fixieren und obere Torte daraufsetzen.

5. **Für das Kissen** mit einem Modellierwerkzeug Vertiefungen für die „Knöpfe" in die obere Torte drücken und mit einem gezackten Modellierrädchen verbinden. In den Vertiefungen Zuckerperlen mit Zuckerkleber befestigen. Oberseite der unteren Torte mit einem dekorativen Muster verzieren. An den Rändern jeweils Zuckerperlen mit Zuckerkleber fixieren.

6. Bordüre mit Dekormasse, hellblauer Lebensmittelfarbe und einer Bordürensilikonform nach Packungsanweisung herstellen, leicht in Wellen legen und Hochzeitstorte damit dekorieren. Blumen und Fransen aus Fondant gestalten und mit Zuckerkleber jeweils an den Ecken anbringen. Tortenaufsatz oben auf der Torte anbringen.

MODELLIEREN UND VERZIEREN

Bei Bedarf kann man sich spezielles Modellierwerkzeug zulegen. So gibt es z. B. Modellierpressen mit unterschiedlichen Aufsätzen, mit denen sich gleichmäßige Fondantstränge oder -formen modellieren lassen. Zum Strukturieren von Fondant gibt es z. B. Modellierrädchen, Modellierwerkzeuge oder Prägerollen. Spitzenbordüren können Sie mit einer Spitzendekormatte und einem entsprechenden Dekor-Mix herstellen. Einfach Pulver mit Wasser anrühren, auf der Matte verstreichen, kurz im Ofen oder einige Stunden bei Zimmertemperatur trocknen lassen, ablösen und mit etwas Wasser auf der Torte befestigen.

Muttertagstorte

Für den Teig *(1 Springform, 20 cm Durchmesser)*
1 x Grundrezept Allroundteig (siehe S. 35)

Für die Buttercreme und die Füllung
5 Eiweiß, 200 g Zucker, 300 g weiche Butter, Erdbeermarmelade

Für die Dekoration *(ggf. einige Tage vorher vorbereiten)*
Rollfondant (hellgrün, braun), Zuckerkleber (Grundrezept siehe S. 59), Draht für den Henkel, Modellierfondant (sattgrün, weiß, rosa, zartlila)

Zubereitung *ca. 1 Std. 20 Min.* | **Backen** *ca. 50 Min.* | **Ruhezeit** *ca. 1 Std.*

1. Kuchen nach Grundrezept auf S. 35 backen. Aus der Form lösen und vollständig auskühlen lassen.

2. **Für die Buttercreme** Eiweiße und Zucker ca. 5 Minuten über dem heißen Wasserbad verrühren, bis der Zucker sich aufgelöst hat. Vom Wasserbad nehmen und Eiweißmasse bei hoher Geschwindigkeit steif schlagen. Butter esslöffelweise zugeben und alles auf langsamer bis mittlerer Stufe zu einer festen, homogenen Creme verrühren. Unteren Boden mit Marmelade und Creme bestreichen, die nächsten Tortenböden daraufsetzen und ebenso verfahren. Torte rundum mit Creme bestreichen und ca. 1 Stunde kalt stellen.

3. **Für die Dekoration** Torte mit hellgrünem ausgerolltem Fondant eindecken. Braunen Fondant ausrollen, in Streifen schneiden und auf der Torte im Korbmuster befestigen. Für die Umrandung drei Stränge braunen Fondant zusammenflechten und am oberen Rand befestigen.

4. Hellgrünen Fondant in Streifen schneiden. Draht mit etwas Fondant ummanteln und mit den Streifen umwickeln. „Henkel“ rechts und links in die Torte stecken. Aus hellgrünen Fondantstreifen eine Schleife formen und mit Zuckerkleber befestigen. Aus sattgrünem Fondant Blätter und aus weißem, rosa und zartlila Fondant Blüten formen und mit Zuckerkleber fixieren.

Gute-Reise-Torte

Für den Teig *(2 rechteckige Backformen, ca. 20 x 30 cm)*
2 x Grundrezept Marmorkuchen (siehe S. 40 f.)

Für die Ganache
2,5 x Zartbitterganache (siehe Grundrezept S. 45)

Für die Dekoration *(ggf. einige Tage vorher vorbereiten)*
Modellierschokolade (siehe Grundrezept S. 54 f.), Rollfondant (weiß, braun), Tortendübel, Tortenpappe, Zuckerkleber (siehe Grundrezept S. 59), goldene Lebensmittelfarbe in Pulverform, etwas Wodka, Zahnstocher

Zubereitung *ca. 2 Std. 45 Min.* | **Backen** *ca. 2 Std.* | **Ruhezeit** *ca. 16 Std.*

1. Zwei Marmorkuchen nach Grundrezept auf S. 40 f. backen. Aus den Formen lösen und vollständig auskühlen lassen. Einen Kuchen kleiner zuschneiden. Ganache nach Grundrezept auf S. 45 zubereiten. Modellierschokolade nach Grundrezept auf S. 54 f. herstellen. Beide Kuchen mit Ganache überziehen und kalt stellen.

2. **Für die Dekoration** weißen Fondant dünn ausrollen und beide Kuchen damit eindecken. Größeren Kuchen mit Tortendübeln versehen. Tortenpappe mit Ganache auf dem unteren Kuchen befestigen und oberen Kuchen daraufsetzen.

3. Braunen Fondant ausrollen, zuschneiden und an den Seiten und an der Oberseite der Torte mit Zuckerkleber befestigen. Nähte mit einem gezähnten Modellierrädchen einprägen. Für die Metallteile goldene Puderfarbe mit etwas Wodka anrühren. Metallbeschläge und Verschlüsse aus weißem Fondant formen und mit Puderfarbe bemalen. Mit Zuckerkleber am Kuchen fixieren. Griffe aus Modellierschokolade formen und mit Zahnstochern befestigen.

Tipp Einen weiteren Kuchen backen, mit weißem Fondant eindecken und mit Puderfarbe als Weltkarte bemalen. Koffertorten, mit Tortendübeln und -pappe stabilisiert, daraufsetzen. Postkarten und Kleidungsstücke aus farbigem Fondant formen und auf dem Kuchen befestigen.

RECEPT

Kindertorten

Freche Eulen-Torte

Für den Teig *(3 Springformen, 16 cm Durchmesser)*
6 Eier, 195 g Zucker, 40 g Mehl,
120 g Speisestärke, 3 Msp. Backpulver,
3 Prisen Salz

Für die Schokoladenbuttercreme
175 g Zartbitterschokolade, 55 g Butter,
130 g saure Sahne, 1 TL Vanilleextrakt,
1 Prise Salz, 150 g Puderzucker

Für die Dekoration *(ggf. einige Tage vorher vorbereiten)*
Fondant (hellbraun, dunkelbraun, dunkelgelb, schwarz, weiß, rot),
Zuckerkleber (siehe Grundrezept S. 59)

Zubereitung *ca. 1 Std. 10 Min.* | **Backen** *ca. 3 Std.* | **Ruhezeit** *ca. 2 Std. 30 Min.*

1. Backofen auf 180 °C (Umluft: 160 °C) vorheizen. Kuchenform mit Backpapier auslegen. Eier trennen. Eigelbe mit 6 Esslöffeln lauwarmem Wasser schaumig schlagen. Zucker langsam einrieseln lassen und rühren, bis eine cremige Masse entstanden ist.

2. Mehl, Speisestärke und Backpulver mischen. Mehlmischung zur Eigelbcreme geben und unterrühren. Eiweiße und 3 Prisen Salz zu sehr steifem Schnee aufschlagen. Eischnee vorsichtig unterheben.

3. Ein Drittel der Masse in die vorbereitete Form füllen und glatt streichen. Ca. 1 Stunde im vorgeheizten Backofen backen. Ofen ausschalten und Boden bei geöffneter Tür ca. 30 Minuten abkühlen lassen. Aus dem Ofen nehmen und vollständig auskühlen lassen. Restliche Teigdrittel nacheinander ebenso backen.

Fortsetzung folgende Seite ...

... Fortsetzung Freche Eulen-Torte

4. **Für die Schokoladenbuttercreme** Schokolade mit Butter im Wasserbad schmelzen und abkühlen lassen. Mit saurer Sahne, Vanilleextrakt und Salz verrühren. Puderzucker zugeben und ebenfalls unterrühren.

5. Ausgekühlte Tortenböden mit etwas Buttercreme bestreichen und aufeinanderstapeln. Mit einem scharfen Messer obersten Tortenboden so beschneiden, dass eine gleichmäßige Halbkugel entsteht. Tortenböden rundum mit etwas Buttercreme einstreichen und kalt stellen.

6. **Brustfedern:** Hellbraunen Fondant gut durchkneten, dünn ausrollen und kleine Kreise ausstechen. Am unteren Rand der Torte beginnend, ca. sieben Kreise leicht überlappend anbringen. Reihe um Reihe weiter so verfahren, dabei pro Reihe weniger Kreise anbringen, damit die Brustfedern nach oben hin spitz zulaufen.

7. **Federkleid:** Am unteren Rand der Torte beginnend, mit einem Spritzbeutel Tupfer aus Schokoladenbuttercreme aufspritzen. Ist die unterste Reihe fertig, mit der Konditorenpalette auf der Hälfte der Schokoladenkleckse ansetzen und Buttercreme nach oben ausstreichen. Mit der nächsten Runde Schokoladentupfer beginnen und so fortfahren, bis die Torte komplett mit „Federn“ verziert ist.

8. **Gesicht:** Für die Augen weißen und schwarzen Fondant dünn ausrollen und Kreise ausstechen: zwei große weiße Kreise, zwei kleinere schwarze Kreise und zwei sehr kleine weiße Kreise. Die großen weißen Kreise auf dem oberen Teil der Brustfedern mit Zuckerkleber anbringen, schwarze Kreise auf den weißen Kreisen fixieren und kleine weiße Kreise auf die Pupillen kleben. Aus gelbem Fondant einen kleinen Schnabel formen und diesen mit einem Zahnstocher unter den Augen fixieren.

9. **Krallen/Ohren/Schleife:** Für die Krallen aus gelbem Fondant jeweils drei kleine Kugeln formen und diese am unteren Rand der Torte mit Zuckerkleber befestigen. Für die Ohren zwei Dreiecke aus dunkelbraunem Fondant und zwei kleinere Dreiecke aus hellbraunem Fondant ausschneiden. Dreiecke mit Zuckerkleber aufeinanderkleben und „Ohren“ mit Zahnstochern auf dem Eulenkopf befestigen. Aus rotem Fondant eine Schleife formen und diese mit einem Zahnstocher leicht schräg auf dem Eulenkopf befestigen.

Schweinchentorte

Für den Teig *(1 Springform, 20 cm Durchmesser)*
200 g Löffelbiskuits, 70 g Butter

Für die Füllung
525 g Frischkäse, 300 g Joghurt, 3 EL Zitronensaft, 1 Dose Pfirsiche, 1 Pck. weiße Gelatine, 75 g Zucker

Für die Dekoration *(ggf. einige Tage vorher vorbereiten)*
ca. 30 Schokoriegel, 200 g rosa Marzipanrohmasse, Fondant (weiß, gelb, rosa, hellgrün), 400 g Schokolade, Zuckerkleber (siehe Grundrezept S. 59)

Zubereitung *ca. 50 Min.* | **Ruhezeit** *ca. 3 Std.*

1. Biskuits fein zerbröseln. Butter schmelzen und mit den Bröseln vermischen. Masse in eine mit Backpapier ausgelegte Springform füllen und festdrücken. Einen Rand lassen und darin Schokoriegel aufrecht entlang des Rings nebeneinanderstellen. Mit den Bröseln festdrücken.

2. **Für die Füllung** Frischkäse, Joghurt und Zitronensaft verrühren. Pfirsiche über einem Sieb abgießen und Saft auffangen. Pfirsiche in kleine Würfel schneiden. Gelatine in ca. 150 Millilitern Pfirsichsaft nach Packungsanweisung einweichen. Zucker zufügen und unter gelegentlichem Rühren bei geringer Hitze erwärmen, bis sich die Gelatine aufgelöst hat. Mit der Frischkäse-Joghurt-Creme verrühren und Pfirsichwürfel unterheben. Füllung in die Form füllen und glatt streichen. Kuchen mindestens 3 Stunden kalt stellen.

3. **Für die Dekoration** Marzipan gut durchkneten und Schweinchen daraus formen. Weißen und rosa Fondant durchkneten, ausrollen und Blüten ausstechen. Gelben Fondant in die Mitte der Blüten setzen. Aus grünem Fondant Rasen ausrollen. Mit einem Zahnstocher Rasenmuster einritzen. Ranken und Büsche aus grünem Fondant formen. Schokolade im Wasserbad schmelzen und kurz abkühlen lassen. Auf die Füllung geben und glatt streichen. Schweinchen in die noch weiche Schokolade drücken. Übrige Deko-Elemente mit Zuckerkleber am Kuchen befestigen.

Prinzessinnen-Schloss

Für den Teig *(1 Springform, 24 cm Durchmesser, und 1 Springform, 20 cm Durchmesser)*

1 x Grundrezept Rührteig für eine Springform à 24 cm (siehe S. 39), 1 x Grundrezept Allroundteig für eine Springform à 20 cm (siehe S. 35)

Für die Türmchen

6 Eier, 180 g Zucker, 180 g Mehl, Aprikosenmarmelade zum Bestreichen

Für die Ganache

2 x Grundrezept Zartbitterganache (siehe S. 45)

Für die Dekoration *(ggf. einige Tage vorher vorbereiten)*

Rollfondant (rosa, weiß), Modellierfondant (weiß, rosa, hellblau, dunkelblau, gelb, rot), 2 Tortenunterlagen, 4 Tortendübel (z. B. Trinkhalme), Zuckerkleber (Grundrezept siehe S. 59), Prägematte Ziegelsteine, goldene Puderfarbe, Zahnstocher, Lollistiele, weiße Zuckerschrift, Zuckerstreusel

Zubereitung *ca. 2 Std. 30 Min.* | **Backen** *ca. 2 Std.* | **Ruhezeit** *ca. 8 Std.*

1. Oberen und unteren Teil der Torte nach Grundrezept Rührteig auf S. 39 und Grundrezept Allroundteig auf S. 35 herstellen. Kuchen aus der Form nehmen und abkühlen lassen. Für die Türmchen Backofen auf 200 °C (Umluft: 180 °C) vorheizen. Eier mit Zucker schaumig schlagen und Mehl unterrühren. Teig auf ein mit Backpapier belegtes Backblech verteilen, glatt streichen und im vorgeheizten Backofen ca. 10–15 Minuten backen. Teig in fünf gleich große Streifen schneiden. Jeweils mit Marmelade bestreichen und aufrollen. Auskühlen lassen.

2. **Zartbitterganache** nach Grundrezept auf S. 45 herstellen. Rührkuchen in zwei gleich dicke Scheiben schneiden. Unteren Tortenboden dünn mit Ganache bestreichen, oberen Tortenboden daraufsetzen. Beim Allroundkuchen ebenso verfahren. Beide Kuchen und Türmchen dünn mit Ganache bestreichen und ca. 2 Stunden kühl stellen. Gegebenenfalls nochmals dünn mit Ganache bestreichen, damit die Torte schön glatt wird. Weitere ca. 2 Stunden kühl stellen.

Fortsetzung folgende Seite …

15

... Fortsetzung Prinzessinnen-Schloss

3. Rosafarbenen und weißen Rollfondant ausrollen. Aus weißem Fondant Streifen ausschneiden. Beide Kuchen mit rosa Fondant eindecken und mit Zuckerkleber Streifen aus weißem Fondant aufkleben. Tortenoberseiten dünn mit Zuckerkleber einstreichen und mit einer blütenförmig zurechtgeschnittenen „Decke“ aus rosa Fondant bedecken. „Türmchen“ mit weißem Fondant eindecken und mit ausgeschnittenen Streifen aus rosa Fondant bekleben. Unteren Kuchen auf eine Tortenunterlage setzen. Tortendübel im Bereich, auf dem der obere Kuchen ruhen soll, in den unteren Kuchen stecken und bündig abschneiden. Oberen Kuchen mit einer Schicht aus Ganache und Tortenpappe auf den unteren Kuchen setzen.

4. **Verzierungen:** Aus rosa Fondant bogenförmige Bordüren formen und mit Zuckerkleber auf den Bögen der „Decken“ fixieren. Aus weißem Modellierfondant Kugeln formen und als Perlen mit Zuckerkleber an den unteren Rändern der Kuchen befestigen.

5. **Schloss:** Aus rosa Modellierfondant Unterlage für die Türmchen formen und mit einem Messer strukturieren. Mauer und Zinne des mittleren Turms ausschneiden und mit einer Prägematte strukturieren. Aus gelbem Fondant Dachumrandung ausstechen, Kegel formen und diesen mit gelbem Fondant spiralförmig umkleiden. Dächer mit Zuckerkleber auf den Rändern fixieren und mit Zahnstochern auf den Türmchen feststecken. Mit goldener Puderfarbe und etwas Wasser Dächer anmalen. Zwiebeltürmchen aus rosa und hellblauem Fondant formen, fixieren und Spitze des Türmchens mit goldener Puderfarbe bemalen. Türmchen mit Zahnstochern auf der Unterlage befestigen. Aus rotem Fondant Tor und Fahne formen, mit weißer Zuckerschrift beschriften und trocknen lassen. Tor aus weißem Fondant, Fenster und Kugeln für Tor- und Turmspitzen aus hellblauem Fondant gestalten. Mit Zuckerkleber und eventuell Zahnstochern befestigen. Fahne an einem Zahnstocher befestigen, eine Spitze aus hellblauem Fondant aufsetzen.

6. **Süßigkeiten und Buchstaben:** Aus bunten Fondantsträngen schneckenförmige Lollis, Zuckerstangen und Buchstaben formen und mit Holzspießen auf dem Kuchen befestigen. Herzformen aus rotem Fondant ausstechen, mit weißer Zuckerschrift beschriften, trocknen lassen. Auf Lollistiele stecken und auf dem Kuchen fixieren. Aus hellblauem, dunkelblauem und weißem Fondant Cupcakes formen. Einzelteile mit Zuckerkleber zusammenfügen und Zuckerstreusel mit Zuckerguss befestigen. Hellblauen Fondant zu Kugeln formen, auf Lollistiele stecken und mit einem Band aus rosa Fondant umranden, festkleben und Lolli in den Kuchen stecken.

15

Süßes Lämmchen

Für den Teig *(1 Springform, 20 cm Durchmesser)*
175 g Zucker, 175 g zimmerwarme Butter und etwas Fett für die Form, 3 Eier, 175 g Mehl, 3 TL Backpulver, 3 EL Milch, nach Belieben einige Tropfen Vanillearoma

Für die Füllung und die Buttercreme
1 Pck. Vanillepuddingpulver, 500 ml Milch, 100 g Zucker, 250 g zimmerwarme Butter, 4 EL Marmelade

Für die Dekoration *(ggf. einige Tage vorher vorbereiten)*
Fondant (weiß), Zuckerkleber (siehe Grundrezept S. 59), Schokoladenkuvertüre, rosa Zuckerschrift

Zubereitung *ca. 1 Std.* | **Backen** *ca. 50 Min.* | **Ruhezeit** *ca. 30 Min.*

1. Backofen auf 180°C (Umluft: 160 °C) vorheizen. Für den Rührteig Zucker und Butter verrühren. Eier zufügen und cremig rühren. Mehl mit Backpulver mischen und zusammen mit Milch und nach Belieben Vanillearoma unterrühren. Springform einfetten. Teig hineingeben und im vorgeheizten Backofen ca. 50 Minuten backen (Stäbchenprobe machen). Kuchen auskühlen lassen und horizontal in drei gleich dicke Scheiben schneiden.

2. **Für die Buttercreme** aus Vanillepuddingpulver, Milch und Zucker nach Packungsanweisung einen Pudding herstellen. Mit Frischhaltefolie abdecken und auf Raumtemperatur abkühlen lassen. Butter cremig rühren und Pudding löffelweise zugeben. So lange rühren, bis eine cremige Masse entstanden ist. Unteren Tortenboden dünn mit Marmelade bestreichen, mittleren Tortenboden daraufsetzen. Diesen mit 4–5 Esslöffeln Buttercreme bestreichen und obersten Tortenboden daraufsetzen. Torte rundum mit Buttercreme einstreichen.

3. **Für die Dekoration** weißen Fondant gut durchkneten und daraus Ohren formen. Mit Zuckerkleber befestigen. Restliche Buttercreme in einen Spritzbeutel mit Sterntülle füllen und am Tortenrand die „Wolle“ in Tupfen bzw. Häubchen aufspritzen. Kuvertüre im Wasserbad schmelzen lassen. In eine Spritztüte aus Pergamentpapier füllen, Spitze abschneiden und Augen und Mund mit Kuvertüre aufspritzen. Nase mit rosa Zuckerschrift aufmalen.

Lustiger Bär

Für den Teig *(1 Kuppeltortenform, ca. 20 cm Durchmesser)*
4 Eier, 150 g Zucker, 200 ml Milch, 30 g Backkakao,
200 ml Öl und etwas Fett für die Form,
300 g Mehl, 1 Pck. Backpulver, 1 Prise Salz

Für die Schokoladenbuttercreme und die Füllung
300 g Sahne, 400 g Schokolade, 200 g zimmerwarme Butter,
150 g Puderzucker, 6 EL Kakaopulver,
etwas Vanillepulver, ggf. etwas Milch,
etwas Orangensaft, 2 Bananen, Zitronensaft

Für die Dekoration *(ggf. einige Tage vorher vorbereiten)*
etwas Swiss-Meringue-Buttercreme (siehe Grundrezept S. 42 f.),
Modellierfondant (hellbraun, dunkelbraun), Rollfondant (weiß, schwarz und rosa),
Zuckerkleber (siehe Grundrezept S. 59)

Zubereitung *ca. 1 Std.* | **Backen** *ca. 1 Std.* | **Ruhezeit** *ca. 3 Std.*

1. Backofen auf 160 °C (Umluft: 140 °C) vorheizen. Für den Teig Eier mit Zucker schaumig schlagen. Milch und Kakao verrühren. Zusammen mit Öl zur Ei-Zucker-Mischung geben und unterrühren. Mehl, Backpulver und Salz mischen und zusieben. Zu einem glatten Teig verarbeiten.

2. Eine Kuppeltortenform oder eine Edelstahlschüssel einfetten. Teig in die vorbereitete Form füllen und im vorgeheizten Backofen ca. 1 Stunde backen. Kuchen vollständig auskühlen lassen.

3. **Für die Schokoladenbuttercreme** Sahne in einem Topf aufkochen. Schokolade in kleine Stücke brechen, in eine Schüssel geben und mit heißer Sahne übergießen. Ca. 2–3 Minuten ruhen lassen und umrühren. Butter mit Puderzucker, Kakao und Vanille verrühren und cremig aufschlagen. Schokomasse unter ständigem Rühren zugeben und

Fortsetzung folgende Seite …

... Fortsetzung Lustiger Bär

einige Minuten aufschlagen. Ist die Creme zu fest, etwas Milch zugeben. Ist sie zu weich, kurz kalt stellen.

4. Teigboden horizontal zweimal durchschneiden. Mit einem Pinsel alle Böden mit etwas Orangensaft bepinseln. Unteren Tortenboden dünn mit etwas Schokoladenbuttercreme bestreichen. Bananen schälen, in Scheiben schneiden und Hälfte gleichmäßig auf dem Boden verteilen. Bananen mit etwas Zitronensaft beträufeln. Zwischenräume mit Schokoladenbuttercreme füllen und Creme glatt streichen. Mittleren Tortenboden daraufsetzen. Diesen wiederum dünn mit etwas Schokoladenbuttercreme bestreichen, restliche Bananenscheiben darauf verteilen und mit Zitronensaft beträufeln. Zwischenräume mit Schokoladenbuttercreme füllen und Creme glatt streichen. Obersten Teil daraufsetzen und dünn mit etwas Schokoladenbuttercreme bestreichen. Torte ca. 30 Minuten kühl stellen.

5. Torte rundum dünn mit etwas Schokoladenbuttercreme bestreichen, damit die Oberfläche schön glatt wird. Weitere ca. 30 Minuten kühl stellen.

6. **Für die Dekoration** mit einem Löffelstiel Linien für die Umrandung des Gesichts in die Creme ziehen. Restliche Schokoladenbuttercreme in einen Spritzbeutel füllen und Umrandungslinie mit Buttercremetupfen nachziehen. Schnauze mit Tupfen aus Schokoladenbuttercreme füllen. Swiss-Meringue-Buttercreme in einen Spritzbeutel füllen und Augenpartie mit kleinen Tupfen aus Buttercreme füllen. Torte bis zum Dekorieren in den Kühlschrank stellen.

7. Fondant gut durchkneten und daraus Ohren, Augen, Nase, Mund und Bäckchen ausschneiden. Weiße Glanzlichter auf Augen und Nase mit Zuckerkleber auf schwarzen Fondant kleben, hellbraune Ohreninnenseiten auf die dunkelbraunen Ohren kleben. Augen, Nase, Mund und Bäckchen auf dem Gesicht befestigen und Ohren etwas in die Torte drücken.

Tipp Für Dekorationen mit Buttercreme empfiehlt sich die Anschaffung eines Spritzbeutels im Set mit verschiedenen Tüllen in unterschiedlichen Formen und Größen. Sternförmige Tupfen wie bei dieser Bärentorte gelingen am besten mit einer Sterntülle. Daneben gibt es die klassischen Lochtüllen, mit denen glatte Tupfen entstehen, sowie spezielle Tüllen, z. B. für Rosenblüten oder Rüschen.

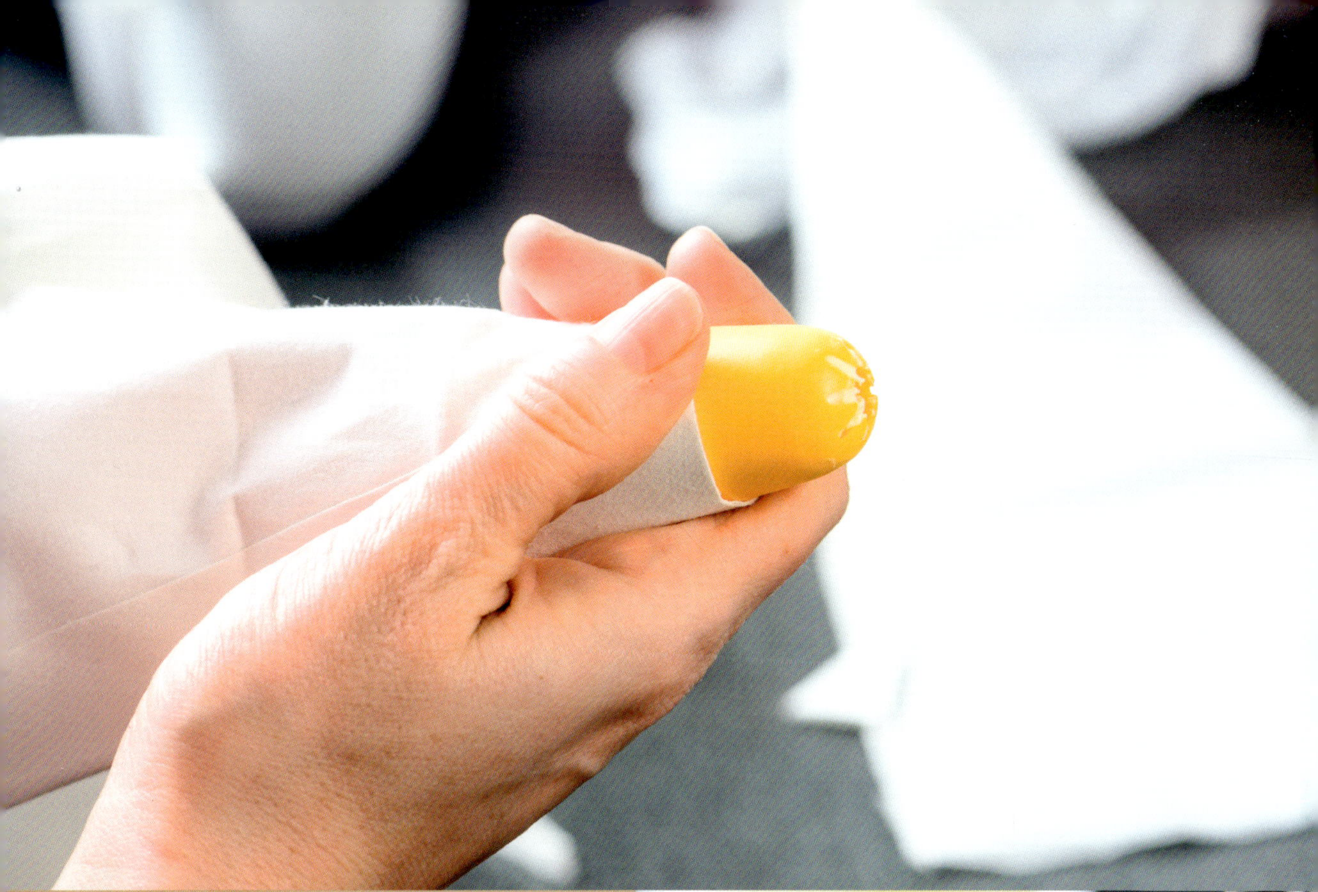

Ralley-Kuchen

Für den Teig *(1 quadratische Backform, 24 x 24 cm)*
12 Eier, 400 g Zucker, 1 Prise Salz, 200 g Mehl, 200 g Speisestärke, 2 TL Backpulver, 50 g Vanillepuddingpulver

Für die Ganache
1 x Grundrezepte Schokoladenganache (siehe S. 45)

Für die Dekoration *(ggf. einige Tage vorher vorbereiten)*
Rollfondant (weiß), Modellierfondant (gelb, lila, grün, blau und schwarz), Zuckerkleber (siehe Grundrezept S. 59), Fähnchen „Zielflagge", runde und eckige Fruchtgummis, kleine Geburtstagskerzen, schwarze Zuckerschrift

Zubereitung *ca. 50 Min.* | **Backen** *ca. 1 Std. 20 Min.* | **Ruhezeit** *ca. 4 Std.*

1. Backofen auf 160 °C (Umluft: 140 °C) vorheizen. Eier trennen. Eiweiße mit Zucker und Salz zu steifem Schnee schlagen. Eigelbe unterziehen. Mehl, Speisestärke, Backpulver und Puddingpulver mischen, sieben und in zwei Portionen vorsichtig unterheben. 2 Backformen mit Backpapier belegen und die Biskuitmasse zu gleichen Teilen hineingeben. Im vorgeheizten Backofen jeweils ca. 40 Minuten backen (Stäbchenprobe machen). Kuchen vollständig auskühlen lassen und jeweils in zwei gleich dicke Scheiben schneiden.

2. **Schokoladenganache** nach Grundrezept auf S. 45 zubereiten. Einen Tortenboden mit Schokoladenganache bestreichen, zweiten Tortenboden daraufsetzen. Mit den anderen Schichten ebenso verfahren. Torte rundum mit Ganache bestreichen und ca. 2 Stunden kühl stellen.

3. **Für die Dekoration** weißen Fondant ausrollen und Kuchen damit eindecken. Aus restlichem Fondant Autos, Hügel, Büsche, Flaggenständer und Fahrbahnstreifen formen. Mit Zuckerkleber auf der Torte befestigen. Räder, Lenkräder und „Fahrer" aus Fruchtgummi gestalten und mit Zuckerkleber an den Autos befestigen. Geburtstagskerzen in die Autos und Zielflagge in den „Flaggenständer" stecken. Zahlen auf den Autos mit Zuckerschrift auftragen.

Marienkäfer-Kuchen

Für den Teig *(1 Marienkäferform)*
200 g Butter und etwas Fett für die Form, 6 EL Zucker, 4 große Eier, 6 EL Mehl, 3 TL Backpulver, 200 g Nüsse (gehackt), 200 g Schokolade (gehackt)

Für die Dekoration
1 x Grundrezept Spiegelglasur (siehe Grundrezept S. 46 f.), rote und grüne Lebensmittelfarbe, 1 Pck. Zartbitterkuvertüre, 1 x Grundrezept Eiweißspritzglasur (siehe S. 56)

Zubereitung *ca. 50 Min.* | **Backen** *ca. 40 Min.* | **Ruhezeit** *ca. 24 Std.*

1. Backofen auf 170 °C (Umluft: 150 °C) vorheizen. Backform einfetten. Butter mit etwas Zucker schaumig schlagen. Nach und nach Eier zugeben und unterrühren. Mehl mit Backpulver vermischen und restlichen Zucker zugeben. Zur Butter-Zucker-Eier-Mischung geben und alles zu einem Rührteig verarbeiten. Nüsse und Schokolade unterheben.

2. Teig in die Form füllen und im vorgeheizten Backofen ca. 40 Minuten backen. Vollständig abkühlen lassen.

3. **Für die Dekoration** Spiegelglasur nach Grundrezept auf S. 46 f. herstellen und dabei mit roter Lebensmittelfarbe einfärben. Flügel damit bestreichen und trocknen lassen. Zartbitterkuvertüre in einem Wasserbad schmelzen lassen und Kopf des Marienkäfers mit etwas davon bestreichen. Trocknen lassen. Zum Auskühlen in den Kühlschrank stellen.

4. Eiweißspritzglasur nach Grundrezept auf S. 56 herstellen. Einen Teil davon mit grüner Lebensmittelfarbe einfärben und mit einem Spritzbeutel am unteren Rand „Gras“ aufspritzen. Mit weißer Eiweißspritzglasur Augen, Mund und Tupfer auf der Tortenoberseite auftragen. Trocknen lassen. Restliche Zartbitterkuvertüre wieder erwärmen, Punkte auf die Flügel und Augen setzen und Linien für die Fühler auftragen. Trocknen lassen.

Mäuschen im Käse

Für den Teig *(1 Springform, 28 cm Durchmesser)*
300 g Butter und etwas Fett für die Form, 250 g Zucker, 1 Pck. Vanillinzucker, 4 Eier, 420 g Mehl, 1 Pck. Backpulver, 1 Prise Salz, 175 ml Milch

Für die Creme
400 g Sahne, 18 Blatt weiße Gelatine, 500 g Mascarpone, 500 g Quark, 75 g Zucker, 1 EL Zitronenpulver

Für die Fruchtfüllung
1 Dose Pfirsiche, etwas Milch, 5 Blatt weiße Gelatine

Für die Dekoration *(ggf. einige Tage vorher vorbereiten)*
Rollfondant (gelb), Modellierfondant (weiß, rosa und schwarz), Zuckerkleber (siehe Grundrezept S. 59)

Zubereitung *ca. 50 Min.* | **Backen** *ca. 30 Min.* | **Ruhezeit** *ca. 6 Std.*

1. Backofen auf 220 °C (Umluft: 200 °C) vorheizen. Springform einfetten. Butter mit Zucker und Vanillinzucker schaumig schlagen. Eier zufügen und alles verrühren. Mehl, Backpulver und Salz mischen und abwechselnd mit Milch unter die Butter-Zucker-Eier-Mischung rühren. Alles zu einem glatten Teig verarbeiten.

2. Teig in die vorbereitete Form füllen und im vorgeheizten Backofen ca. 25–30 Minuten backen. Kuchen vollständig auskühlen lassen und horizontal in sechs gleich dicke Scheiben schneiden. Eine Schüssel mit Frischhaltefolie auslegen und einen Boden vorsichtig hineindrücken.

3. **Für die Creme** Sahne steif schlagen. Gelatine nach Packungsanweisung einweichen. Mascarpone, Quark, Zucker und Zitronenpulver miteinander vermischen und Sahne unterrühren. Gelatine ausdrücken und zügig unterrühren, bis sie sich aufgelöst hat.

Fortsetzung folgende Seite …

... Fortsetzung Mäuschen im Käse

4. **Für die Fruchtfüllung** Pfirsiche über einem Sieb abgießen und Saft auffangen. Pfirsiche in kleine Würfel schneiden. Saft bis auf 400 Milliliter mit Milch auffüllen, erhitzen und bei geringer Hitze eindicken lassen. Gelatine nach Packungsanweisung einweichen, ausdrücken und nach und nach in die warme Pfirsichmasse einrühren, bis sie sich aufgelöst hat. Pfirsiche unterheben.

5. Tortenboden in der Schüssel mit Creme bestreichen, nächsten Boden daraufsetzen. Diesen mit Fruchtfüllung bestreichen und so weiterverfahren, bis alle Böden verarbeitet sind. Mit Frischhaltefolie abdecken und ca. 3–4 Stunden in den Kühlschrank stellen.

6. Obere Frischhaltefolie entfernen und eine Tortenplatte auf die Schüssel legen. Schüssel mit Platte vorsichtig umdrehen und untere Frischhaltefolie lösen.

7. **Für die Dekoration** gelben Fondant ausrollen und Torte damit eindecken. Mit einer runden Form „Löcher“ eindrücken. Mäuse aus weißem, rosafarbenem und schwarzem Fondant formen und mit Zuckerkleber befestigen.

TORTEN MIT FONDANT EINDECKEN

Zunächst knetet man den Fondant mit eingefetteten Händen auf einer gefetteten Arbeitsfläche geschmeidig und dehnbar. Dann rollt man ihn auf einer mit Stärke oder Puderzucker bestäubten Fläche möglichst mit einem Ausrollstab ca. 0,5 Zentimeter dick aus. Anschließend legt man ihn über die Torte und streicht ihn oben glatt, z. B. mit einem Smoother (Glätter) oder mit den Händen. An den Seiten geht man Stück für Stück vor, indem man den Fondant mit der einen Hand anhebt und mit der anderen von oben nach unten glatt streicht. Den unteren Rand schiebt man dicht an die Torte, schneidet ihn mit einen kleinen Messer entlang der Kante ab und glättet die Torte nochmals.

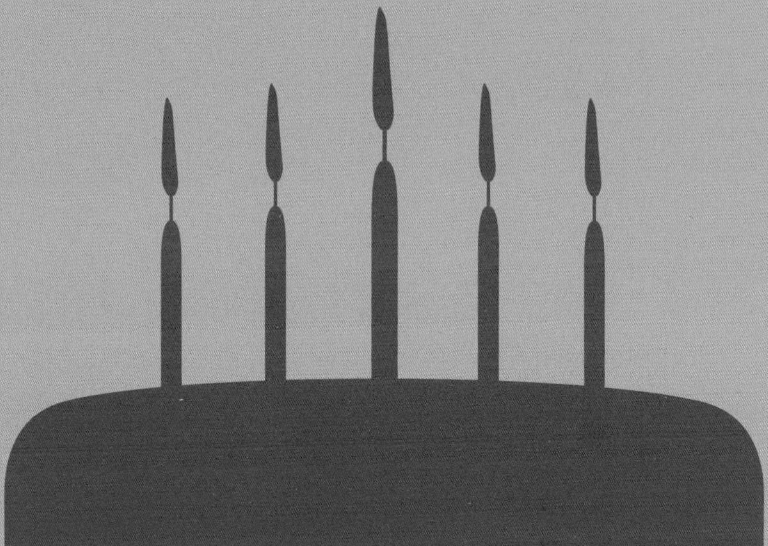

Kleingebäck

Oster-Kulich mit Hasendeko

Für den Teig *(1 extrahohe Backform, ca. 16 cm Durchmesser)*
300 g Mehl, 55 g Zucker, 1 Ei und 3 Eigelb, ½ Würfel Hefe, 100 ml Milch, 25 g Butter

Für die Dekoration *(ggf. einige Tage vorher vorbereiten)*
Modellierfondant (grau, weiß, rosa, schwarz, orange und grün), Zahnstocher, Zuckerkleber (siehe Grundrezept S. 59) , grüne Glasurlinsen, grünes Dekoband

Zubereitung *ca. 50 Min.* | **Backen** *ca. 50 Min.* | **Ruhezeit** *ca. 50 Min.*

1. Mehl in eine Schüssel sieben, 50 Gramm Zucker, Ei und Eigelbe zugeben. Hefe mit lauwarmer Milch und 1 Esslöffel Zucker verrühren und Hefemilch an einem warmen Ort ca. 10 Minuten ruhen lassen. Hefemilch zur Mehlmischung geben und alles verrühren. Butter in Flöckchen zufügen und alles zu einem glatten Teig verkneten. Teig an einem warmen Ort ca. 40 Minuten gehen lassen.

2. Backofen auf 200 °C (Umluft: 180 °C) vorheizen. Teig nochmals durchkneten und zu einer Kugel formen. Backform mit Backpapier auslegen und Teig hineinfüllen. Im vorgeheizten Backofen ca. 40–50 Minuten goldgelb backen (Stäbchenprobe machen). Kuchen abkühlen lassen.

3. **Für die Dekoration** aus grauem Fondant zwei Kugeln für Körper und Kopf formen, Kugeln mit einem Zahnstocher verbinden. Ohren, Arme und Beine formen. Mit einem Zahnstocher Rillen für Finger und Zehen eindrücken. Augen, Nase und Details an Füßen und Ohren aus weißem, schwarzem und rosafarbenem Fondant fertigen. Möhren aus orangefarbenem und grünem Fondant formen und Strukturen mit einem Zahnstocher einkerben. Einzelteile mit Zuckerkleber zusammenfügen. Grüne Glasurlinsen schmelzen lassen und Glasur mit einem Löffel über die Oberseite des Kuchens laufen lassen. Leicht antrocknen lassen. Möhren und Hasen auf dem Kuchen festkleben. Kulich mit Dekoband verzieren.

Panda-Mini-Cheesecakes

Für den Teig *(3 Dessertförmchen, 10 cm Durchmesser)*
100 g Butter, 200 g Schokokekse

Für die Creme
Saft von ½ Zitrone, 400 g Doppelrahmfrischkäse, 600 g Sahne, 70 g Zucker, Mark von ½ Vanilleschote, 1 Msp. Zimt, 1 Msp. Kardamom, 7 Blatt Gelatine

Für die Dekoration
6 kleine runde Schokokekse, weiße Spiegelglasur (siehe Grundrezept S. 46), Zartbitterkuvertüre, weiße Kuvertüre

Zubereitung *ca. 1 Std. 20 Min.* | **Ruhezeit** *ca. 1 Std. 30 Min.*

1. Butter schmelzen und abkühlen lassen. Kekse in einen Gefrierbeutel geben und mit einem Nudelholz fein zerbröseln. Butter mit Bröseln vermengen und als Boden in drei Dessertförmchen füllen.

2. **Für die Creme** Zitronensaft, Frischkäse, Sahne und Zucker vermischen. Vanillemark, Zimt und Kardamom zugeben und alles gut verrühren. Gelatine ca. 5 Minuten in kaltem Wasser einweichen. Ausdrücken und in einem Topf bei geringer Hitze auflösen. Topf vom Herd nehmen und Gelatine mit 3 Esslöffeln Creme verrühren. Restliche Creme nach und nach zugeben und alles gut verrühren. In die Dessertförmchen füllen und glatt streichen. Ca. 1 Stunde kalt stellen. Mini-Cheesecakes aus der Form lösen.

3. **Für die Dekoration** Schokokekse vorsichtig als Ohren in die Creme drücken. Spiegelglasur nach Grundrezept auf S. 46 zubereiten und Oberseite der Törtchen damit glasieren. Trocknen lassen. Zartbitterkuvertüre schmelzen lassen und mit einem Spritzbeutel Augen und Schnauze aufspritzen. Nochmals trocknen lassen. Weiße Kuvertüre schmelzen lassen und mit einem Spritzbeutel Punkte auf die Augen setzen. Ca. 30 Minuten kalt stellen.

Merry Christmas

Mini-Kürbis-Gugelhupfe

Für den Teig *(6 Mini-Gugelhupfe)*
200 g Kürbisfleisch (z. B. Butternut oder Hokkaido),
80 g weiche Butter und etwas Fett für die Form, 80 g Zucker, 1 Prise Salz,
Mark von 1 Vanilleschote, 2 Eier, 125 g Mehl, 1 TL Backpulver, 5 EL Orangensaft,
1 TL abgeriebene Schale von 1 unbehandelten Orange

Für die Dekoration
150 g Puderzucker, 3 EL Orangensaft, orange Lebensmittelfarbe,
Fondant (braun), Deko-Blätter

Zubereitung *ca. 40 Min.* | **Backen** *ca. 25 Min.* | **Ruhezeit** *ca. 1 Std.*

1. Backofen auf 180 °C (Umluft: 160 °C) vorheizen. Mini-Gugelhupf-Form einfetten. Für den Teig Kürbisfleisch fein raspeln. Butter, Zucker, Salz und Vanillemark schaumig rühren. Eier unterrühren. Mehl und Backpulver mischen und zufügen. Orangensaft und Orangenabrieb zufügen und alles gut verrühren. Kürbisraspel unterheben.

2. Teig in eine Mini-Gugelhupf-Form mit 12 Mulden geben und im vorgeheizten Backofen ca. 20–25 Minuten backen. Auskühlen lassen.

3. **Für die Glasur** Puderzucker mit Orangensaft und Lebensmittelfarbe glatt rühren. Unterseiten der Gugelhupfe mit Glasur bestreichen und jeweils zwei zusammenfügen. Ca. 30 Minuten trocknen lassen.

4. **Für die Dekoration** aus braunem Fondant Stiele formen. Restliche Glasur mit einem Löffel über die Oberseite der Gugelhupfe träufeln. Stiele und Deko-Blätter in die Mitte der Gugelhupfe stecken. Ca. 30 Minuten trocknen lassen.

Hochzeits-Pops

Für den Teig *(20 Stück)*

125 g weiche Butter und etwas Fett für die Form, 75 g Zucker, 1 Pck. Vanillezucker, 1 Ei, 150 g Mehl, 1 TL Backpulver, 1 Prise Salz, 50 ml Milch, etwas Konfitüre

Für die Dekoration

400 g weiße Kuvertüre, 200 g Zartbitterkuvertüre, 20 Cake-Pop-Stiele, weiße Mini-Zuckerperlen oder Dekorzucker, weiße Zuckerperlen, Deko-Schleifen

Zubereitung *ca. 1 Std.* | **Backen** *ca. 50 Min.* | **Ruhezeit** *ca. 1 Std.*

1. Backofen auf 200 °C (Umluft: 180 °C) vorheizen. Kuchenform (ca. 20 x 20 Zentimeter) einfetten. Butter mit Zucker und Vanillezucker schaumig rühren. Ei zufügen und alles verrühren. Mehl, Backpulver und Salz mischen und im Wechsel mit Milch unter die Buttermasse rühren. Teig in die Form füllen und im vorgeheizten Backofen ca. 45–50 Minuten backen (Stäbchenprobe machen). Kuchen auskühlen lassen. In eine Schüssel krümeln und mit etwas Konfitüre verrühren, sodass eine klebrige Masse entsteht. Daraus kleine Kugeln formen und diese ca. 20 Minuten kalt stellen.

2. **Für die Dekoration** weiße Kuvertüre schmelzen. Cake-Pop-Stiele in die geschmolzene Kuvertüre tauchen und in die Teigkugeln stecken. Ca. 20 Minuten kalt stellen. Cake-Pops in weiße Kuvertüre tauchen, abtropfen lassen, auf ein Stück Styropor stecken und ca. 20 Minuten kalt stellen.

3. Dunkle Kuvertüre schmelzen lassen und 10 Cake-Pops für den Bräutigam von beiden Seiten schräg in die geschmolzene Kuvertüre tauchen. Fliege und Knöpfe aus Kuvertüre mit einem Zahnstocher aufmalen.

4. Cake-Pops für die Braut nochmals in weiße Kuvertüre tauchen und trocknen lassen. Restliche weiße Kuvertüre in einen Spritzbeutel mit kleiner Lochtülle füllen und „Stola“ aufspritzen. Stolastreifen mit Mini-Zuckerperlen oder Dekorzucker bestreuen. Halskette aus Zuckerperlen dekorieren. Trocknen lassen. Cake-Pop-Stiele mit Deko-Schleifen verzieren.

Weihnachtliche Rentier-Muffins

Für den Teig *(12 Stück)*
100 g zimmerwarme Butter,
120 g Zucker, 2 Eier,
1 EL Kakaopulver,
120 g Mehl,
100 g Nuss-Nugat-Creme

Für die Dekoration
250 g Vollmilchschokolade, 12 kleine runde Kekse, 24 weiße Schokolinsen,
12 rote Schokolinsen, 24 Salzbrezeln, rote Deko-Schleifen nach Belieben

Zubereitung *ca. 35 Min.* | **Backen** *ca. 20 Min.*

1. Backofen auf 200 °C (Umluft: 180 °C) vorheizen. Mulden eines Muffinblechs mit Papierbackförmchen auslegen. Butter und Zucker schaumig rühren. Eier zufügen und weiterrühren. Kakao und Mehl zufügen und unterrühren. Nuss-Nugat-Creme unterheben.

2. Teig in die Muffinmulden füllen und im vorgeheizten Backofen ca. 20 Minuten backen. Abkühlen lassen.

3. **Für die Dekoration** Schokolade schmelzen und Cupcakes damit bestreichen. Kekse jeweils als „Schnauze" und weiße Schokolinsen als Augen in die noch flüssige Schokolade drücken. Rote Schokolinsen mit etwas flüssiger Schokolade auf den Keksen befestigen. Je 2 Schokokleckse als Pupillen dekorieren. Je 2 Salzbrezeln vom Salz befreien und als „Geweih" mit flüssiger Schokolade befestigen. Muffins nach Belieben mit Deko-Schleifen verzieren.

Brownie-Bäumchen

Für den Teig *(24 Stück)*
200 g Margarine (z. B. Sanella), 250 g Bitter- oder Zartbitterschokolade, 5 Eier, 350 g brauner Zucker, 1 Pck. Vanillezucker, 250 g Mehl, 40 g Backkakao, 1 TL Backpulver, 2 Prisen Salz

Für die Dekoration
24 bunte Zuckerstangen oder Strohhalme, 150 g Puderzucker, grüne Lebensmittelfarbe, bunte Schokolinsen nach Belieben

Zubereitung *ca. 35 Min.* | **Backen** *ca. 35 Min.*

1. Backofen auf 180 °C (Umluft: 160 °C) vorheizen. Bachblech mit Backpapier auslegen oder einen Backrahmen auf ein mit Backpapier belegtes Backblech stellen. Margarine und Schokolade in einem Topf bei kleiner Hitze schmelzen.

2. 1 Ei trennen, Eiweiß kalt stellen. Zucker, Vanillezucker, Eigelb und restliche Eier mit den Quirlen des Handrührgeräts hellcremig aufschlagen. Margarine-Schoko-Mischung zugeben und unterrühren.

3. Mehl, Backkakao, Backpulver und 1 Prise Salz vermischen und ebenfalls unterrühren. Teig in die vorbereitete Form geben und glatt streichen. Im vorgeheizten Backofen ca. 35 Minuten backen. Abkühlen lassen.

4. Brownie auf dem Blech der Länge nach in drei Streifen und diese zu Dreiecken schneiden. Zuckerstangen oder Strohhalme als „Stamm" in die Brownie-Dreiecke stecken.

5. **Für die Dekoration** Eiweiß mit 1 Prise Salz steif schlagen. Puderzucker portionsweise einrieseln lassen, bis ein cremiger Guss entstanden ist. Lebensmittelfarbe untermischen. Guss in einen Spritzbeutel mit Lochtülle oder einen Gefrierbeutel mit abgeschnittener Ecke füllen und auf die Brownie-Bäumchen spritzen. Nach Belieben bunte Schokolinsen in die noch flüssige Glasur drücken.

Süße Cheeseburger-Muffins

Für den Teig *(9 Stück)*

125 g zimmerwarme Margarine (z. B. Sanella) und etwas Fett für die Muffinmulden, 125 g Zucker, 2 Eier, 175 g Mehl, 1 leicht gehäufter TL Backpulver, 1 Prise Salz, 100 ml Milch, 1 leicht gehäufter TL Backkakao

Für die Dekoration

1 Mango, 90 g Frischkäse (Rahmstufe, 17 % Fett abs.), 9 grüne Fruchtgummibänder (à 10 g), 3 EL Erdbeer- oder Himbeermarmelade

Zubereitung *ca. 45 Min.* | **Backen** *ca. 20 Min.*

1. Backofen auf 200 °C (Umluft: 180 °C) vorheizen. Mulden des Muffinblechs einfetten. Margarine und Zucker mit den Quirlen des Handrührgeräts zu einer glatten Masse aufschlagen. Eier einzeln unterschlagen.

2. Mehl, Backpulver und Salz mischen und mit Milch kurz, aber sorgfältig unter den Teig rühren. Hellen Teig in 9 Muffinmulden verteilen, einen Teigrest für 3 weitere Muffins übrig lassen. Teigrest mit Backkakao glatt rühren. Dunklen Teig in die 3 noch freien Muffinmulden verteilen. Muffins im vorgeheizten Backofen ca. 20 Minuten backen (Stäbchenprobe machen). Abkühlen lassen. Helle Muffins halbieren. Von den braunen Muffins die Kappe abschneiden (wird nicht benötigt). Rest für die „Burger-Patties“ in jeweils 3 Scheiben schneiden.

3. **Für die Dekoration** Mango schälen und für den „Käse“ in dünne Scheiben schneiden. Unterseiten der hellen Muffins mit etwas Frischkäse bestreichen. Fruchtgummibänder als „Salatblätter“ auflegen. Mit einer braunen Muffinscheibe bedecken. Mit Mango-„Käsescheiben“ belegen und mit etwas Marmelade als „Ketchup“ toppen. Mit der Oberseite eines hellen Muffins abschließen. Dazu passen „saure Pommes“ aus Fruchtgummi und ein Klecks Marmeladen-„Ketchup“.

Haifisch-Cupcakes

Für den Teig *(12 Stück)*
150 g Butter, 170 g Zucker, 1 ½ TL Vanilleextrakt, 2 große Eier, 180 g Mehl

Für die Buttercreme
450 g Puderzucker, 3–4 EL Milch, 115 g weiche Butter, herausgekratztes Mark von 1 Vanilleschote, blaue Lebensmittelfarbe

Für die Dekoration *(ggf. einige Tage vorher vorbereiten)*
Fondant (grau, rosa, weiß, schwarz), Zuckerkleber (siehe Grundrezept S. 59)

Zubereitung *ca. 40 Min.* | **Backen** *ca. 15 Min.*

1. Backofen auf 190 °C (Umluft: 170 °C) vorheizen. Mulden eines Muffinblechs mit Papierbackförmchen auslegen. Butter und Zucker schaumig rühren, Vanilleextrakt untermischen. Nach und nach Eier unterrühren. Mehl zusieben und untermischen.

2. Teig in die Muffinmulden füllen und im vorgeheizten Backofen ca. 12–15 Minuten goldbraun backen.

3. **Für die Buttercreme** Puderzucker, Milch, Butter und Vanille schaumig schlagen. Einen Großteil der Buttercreme mit blauer Lebensmittelfarbe einfärben. Etwas weiße Buttercreme beiseitestellen. Cupcakes mit blauer Buttercreme dick einstreichen und kalt stellen.

4. **Für die Dekoration** Fondant gut durchkneten. Aus grauem Fondant Haifischkopf formen und Maul mit einem Messer einschneiden. Aus rosa Fondant Zahnfleisch formen, aus weißem Fondant Augen und Zähne gestalten. Schwarzen Fondant zu Pupillen formen, kleine Streifen als „Haifischschlund" ausschneiden. Einzelteile mit Zuckerkleber befestigen und Haifischkopf in die Buttercreme setzen. Weiße Buttercreme in einen Spritzbeutel mit kleiner Lochtülle füllen und damit weiße „Wellen" dekorieren.

Rosen-Biskuitrolle

Für den Teig *(1 Backrahmen, ca. 27 x 18 cm)*
3 Eier, 1 Prise Salz, 75 g Zucker und etwas Zucker zum Bestreuen, 75 g Mehl, rote und grüne Lebensmittelfarbe

Für die Füllung
125 g Frischkäse, 2 EL Zitronensirup, 125 g Quark, 40 g Puderzucker, etwas rote Lebensmittelfarbe, 50–100 g Kirschmarmelade

Für die Dekoration *(ggf. einige Tage vorher vorbereiten)*
Fondant (gelb, grün, rosa)

Zubereitung *ca. 50 Min.* | **Backen** *ca. 15 Min.* | **Ruhezeit** *ca. 2 Std.*

1. Backofen auf 200 °C (Umluft: 180 °C) vorheizen. Backrahmen mit Backpapier belegen. Eier trennen. Eiweiße mit Salz steif schlagen und Zucker einrieseln lassen. Eigelbe nacheinander unterrühren. Mehl auf die Eiermasse sieben und unterrühren. Zwei Schüsseln jeweils mit einigen Teelöffeln Teig füllen. Portionen mit Lebensmittelfarbe rot und sattgrün einfärben und jeweils in Spritzbeutel füllen. Restlichen Teig hellgrün färben.

2. Mit rotem Teig Umrisse von Rosenblüten auf das Backpapier zeichnen. Mit sattgrünem Teig Ranken und Blätter zeichnen. Backform ca. 1–2 Minuten in den vorgeheizten Backofen stellen. Herausnehmen und restlichen Teig vorsichtig in die Form füllen. Ca. 10 Minuten backen und auskühlen lassen. Ein zweites Stück Backpapier mit etwas Zucker bestreuen. Biskuitplatte daraufstürzen, oberes Stück Backpapier vorsichtig abziehen und Biskuit mit etwas Zucker bestreuen.

3. **Für die Füllung** Frischkäse und Zitronensirup verrühren. Quark, Puderzucker und rote Lebensmittelfarbe zufügen und alles unterrühren. Biskuit wenden, sodass die Musterseite unten liegt. Oberseite mit Quarkcreme und Marmelade bestreichen. Aufrollen und ca. 2 Stunden kalt stellen. Aus gelbem, grünem und rosa Fondant Blüten und Blätter formen. Biskuitrolle in Stücke schneiden und Blüten und Blätter auf den Rollen fixieren.

Spinnen-Cake-Pops

Für den Teig *(ca. 45 Stück)*

200 g weiche Butter und etwas Fett für die Form, 200 g Zucker, 1 Prise Salz, 4 Eier, 200 g Mehl, 1 TL Backpulver, 3 EL Kakaopulver

Für das Frosting

120 g weiche Butter, 200 g Frischkäse (Vollfettstufe), 200 g Puderzucker

Für die Dekoration

250 g Vollmilchkuvertüre, 250 g Zartbitterkuvertüre, weiße Glasurlinsen, Cake-Pop- oder Lollistiele, Schokostreusel, Lakritze

Zubereitung *ca. 1 Std.* | **Backen** *ca. 30 Min.* | **Ruhezeit** *ca. 30 Min.*

1. Backofen auf 180 °C (Umluft: 160 °C) vorheizen. Springform (26 Zentimeter Durchmesser) einfetten. Butter, Zucker und Salz schaumig schlagen. Eier einzeln unterrühren. Mehl, Backpulver und Kakao mischen und ebenfalls unterrühren. Teig in die Form füllen und im vorgeheizten Backofen ca. 30 Minuten backen (Stäbchenprobe machen). Auskühlen lassen und zerbröseln.

2. Für das Frosting Butter und Frischkäse vermischen. Puderzucker zugeben und alles verrühren. Mit den Kuchenbröseln vermengen. Aus der Masse Kugeln formen und ca. 30 Minuten kalt stellen.

3. **Für die Dekoration** beide Sorten Schokoladenkuvertüre über einem heißen Wasserbad schmelzen lassen. Weiße Glasurlinsen ebenfalls über einem Wasserbad schmelzen lassen. Cake-Pop- oder Lollistiele in die Kuvertüre tauchen und in die Kugeln stecken. Kugeln in die Schokoladenkuvertüre tauchen und mit Schokostreuseln bestreuen. Trocknen lassen.

4. Lakritze für Augen und Beine in längere und kürzere Stücke schneiden. Augen mit weißer Glasur auftupfen, trocknen lassen und kurze Lakritzstücke daraufsetzen. Cake-Pops zum Trocknen in einen Styroporblock stecken. Mit einem Zahnstocher an den unteren Seiten der Cake-Pops kleine Löcher einstechen und längere Lakritzstreifen hineinstecken.

Rezeptregister

Bildnachweis

Sanella: 3 li.; 149; 151; Shutterstock: 2 li. Lesya Dolyuk; 2 re. Evgeny Litvinov; 3 re. Jack Z Young; 5 Amawasri Pakdara; 6 Prezoom.nl; 9 RossHelen; 10 o. li. anatoly_liyasov; 10 o. re. Amawasri Pakdara; 10 u. MNStudio; 12 li. Isaenko Anna; 12 re. Arina P Habich; 15 casanisa; 18 o. re. SpeedKingz; 18 o. li. Amawasri Pakdara; 18 u. indukas; 21 re., li. Amawasri Pakdara; 23 Gyorgy Barna; 24 NatashaPhoto; 26 li. fototip; 26 re. Anna Andersson Fotografi; 29 o. li. klublu; 29 o. re. Pan_Da; 29 u. Krystyna Taran; 30 li. Juraj Kovac; 30 re. OZMedia; 31 Alfaenergy; 34 o. Bignai; 34 u. li., u. re. ninikas; 36 Tawee wongdee; 37 li. GOLFX; 37 re. AlenaKogotkova; 38 o. re. thefoodphotographer; 38 o. li. hanabiyori; 38 u. ch_ch; 40 Sebastian Janicki; 41 li., re. Africa Studio; 42 li. AlenaKogotkova; 42 re. ninikas; 43 Anna Andersson Fotografi; 44 o. casanisa; 44 u. li. AlenaKogotkova; 44 u. re. 2xSamara.com; 46 Nestor Rizhniak; 47 li. Nestor Rizhniak; 47 re. 4_mai; 48 o. li. fototip; 48 o. re. Irina Burakova; 48 u. fototip; 50 li. wandee007; 50 re. Silatip; 51 Rashid Valitov; 52 Pacharawan; 53 li., re Elisabeth Coelfen; 54 StockPhotosLV; 55 li. foodiepics; 55 re. hsunny; 57 o. locrifa; 57 u. li. Ksju; 57 u. re. Ekaterina Pokrovsky; 58 u. li. Foodpictures; 58 u. re. Africa Studio; 65 Lesya Dolyuk; 67 Vania Georgieva; 69 Lilyana Vynogradova; 71 Evgeny Litvinov; 73 Arina P Habich; 75 o. li., o. re., u. li., u. re. Arina P Habich; 77 Elena Demyanko; 79 Silatip; 81 o. li., o. re., u. li., u. re. Silatip; 83 MShev; 85 NoirChocolate; 89 Ruth Black; 91 Jack Z Young; 93 o. li. Matthew Bechelli; 93 o. re., u. alicjane; 95 MNStudio; 97 o. li. tarttong; 97 o. re. ninikas; 97 u. fototip; 99 tempisch; 101 o. li., u. re. Krystyna Taran; 101 u. li., o. re. tempisch; 103 Wan Fahmy Redzuan; 105 o. li., u. re. Krystyna Taran; 105 o. re. lapas77; 105 u. li. Wan Fahmy Redzuan; 107 turlakova; 109 Anastasia Belyakova; 113 Ennar; 115 o. fototip; 115 u. re., u. li. Tatiana Vorona; 117 artfood; 119 Michael Zysman; 121 o. li. KucherAV; 121 o. re., u. li. Michael Zysman; 121 u. re. Bildagentur Zoonar GmbH; 123 Irina Meliukh; 125 kwanchai.c; 127 o., u. re. Steve Buckley; 127 u. li. AlenaKogotkova; 129 Monkey Business Images; 131 Agnes Kantaruk; 133 Simone van den Berg; 135 o. li. Kondor83; 135 o. re. HandmadePictures; 135 u. li. kazoka; 135 u. re. Simone van den Berg; 139 Nickola_Che; 141 milatiger; 143 Transient Eternal; 145 Ruth Black; 147 Elena Shashkina; 153 Artazum; 155 TorriPhoto; 157 Iryna Pospikh; Cover siehe Innenteil

Impressum

www.vivo-buch.de

ISBN 978-3-945623-20-6

Komplettproducing: twinbooks, München
Text und Lektorat: Linda Freutel, Jana Lösch, Melanie Goldmann für twinbooks, München